DIE SCHWEIZER GESCHICHTE

* * *

VON DEN FREMDEN KRIEGSDIENSTEN BIS ZUR BILDUNG DER HELVETISCHEN REPUBLIK

Unter der Leitung von Jean-René Bory

Zeichnungen von
Flavio Bozzoli
Cecilia Bozzoli
Federico Bozzoli

Text von
Luisa Bisso
Flavio Bozzoli
Liliane Vindret-Meier
Corina Christen-Marchal

DELACHAUX & NIESTLÉ

Die Schweizer Geschichte erscheint in den drei Landessprachen:

    * VON DER STEINZEIT BIS ZUR BLÜTE DES
        FRÜHMITTELALTERLICHEN KÖNIGREICHS BURGUND
   * * VON DEN LETZTEN BURGUNDISCHEN KÖNIGEN BIS ZUR
        SCHLACHT BEI MURTEN
  * * * VON DEN FREMDEN KRIEGSDIENSTEN BIS ZUR
        BILDUNG DER HELVETISCHEN REPUBLIK
* * * * VOM BUND DER NEUNZEHN KANTONE BIS ZUR GEGENWART

ISBN 2-603-00467-0 A

© Delachaux & Niestlé S.A., David Perret, éditeur, Neuchâtel-Lausanne (Schweiz) – Paris, 1982.

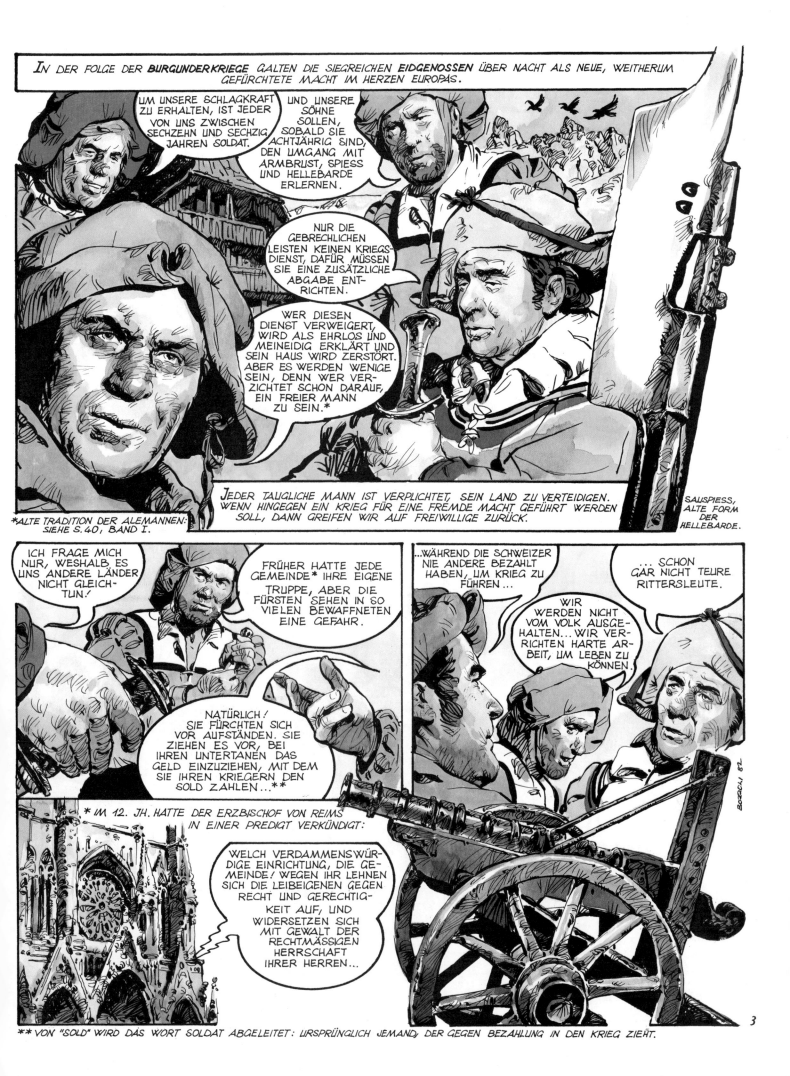

WAS SOLLEN WIR MIT PFERDEN IN UNSEREN BERGEN? DA SIND WIR ZU FUSS VIEL BESSER DRAN!

UND DIE RITTER KÖNNEN WIR AUCH SO SCHLAGEN!

SOGAR EHER BESSER. SOLLEN SIE UNS NUR FÜR UNWÜRDIGE GEGNER HALTEN.

DIE HABEN JA KEINE AHNUNG, WOZU DAS "GEWÖHNLICHE" FUSSVOLK FÄHIG IST. DIE KUNST DER KRIEGSFÜHRUNG IST UNSERE KUNST GEWORDEN!

LASSEN WIR DEN ADELIGEN RUHIG IHREN STUREN GLAUBEN AN DIE HERKÖMMLICHE KRIEGSFÜHRUNG MIT KAVALLERIE. WAS WIR WOLLEN, IST GANZ EINFACH SIEGEN, MIT WELCHEN MITTELN AUCH IMMER!

SCHWERE NIEDERLAGEN UND GROSSE VERLUSTE VERMÖGEN DEN ADELSSTAND DES MITTELALTERS KEINES BESSEREN BELEHREN; NOCH LANGE ZEIT WEIGERN SIE SICH, SICH EINE ART DER KRIEGSFÜHRUNG ANZUEIGNEN, DIE SIE FÜR UNTER IHRER WÜRDE HALTEN.

UNSERE TAKTIK, FUSS-SOLDATEN MIT LANGSPIESSEN BEWAFFNET AUFZU-STELLEN, IST UNSERE STÄRKE. FÜR DIE KAVALLERIE SIND WIR EIN UNÜBERWINDBARES HINDERNIS.

BIST DU SICHER, DASS WIR DIESE TAKTIK ALS ERSTE ANWENDEN?

ABER SICHER!

ABER DIE ALTEN GRIE-CHEN*SOLLEN DOCH...ODER WAREN ES DIE RÖMER... HAUPTSACHE, ES IST SEHR WIR-KUNGSVOLL GEGEN EINEN GEHARNISCHTEN HAUFEN HOCH ZU ROSS.

* DER HISTORIKER POLYBIOS (2.JH. V. CHR) ERZÄHLT, DASS DIE MAZEDONISCHE PHALANX DIESE SCHLACHTORDNUNG SCHON KANNTE; BEWAFFNET WAREN SIE MIT FAST NEUN METER LANGEN SPIESSEN.

UND ES IST SOGAR SO WIRKUNGSVOLL, DASS MAN DURCHAUS ALS ERSTE ANGREIFEN KANN.

UNSERE VÄTER KÄMPFTEN SCHON AUF DIESE WEISE, WEISST DU!

* "CUNEUS GERMANICUS", S. ZEICHNUNG S. 33 BAND II.

STIMMT, ABER SIE BILDETEN NOCH KEINE KARREES.

GENAU DAS IST DAS NEUE. MIT DEN LANGSPIESSEN, DEN HELLEBARDEN UND NATÜRLICH UNSEREN TROMMLERN UND PFEIFERN.* JEDES KARREE IST SIEBEN- BIS ACHTTAUSEND MANN STARK.

*ERSTE ARMEE DER NEUZEIT, DIE ZU MUSIKKLÄNGEN MARSCHIERT.

HELLEBARDE DER EIDGENOSSEN. LANDES- MUSEUM, ZÜRICH.

GANZ SCHÖN AUSGEKLÜGELT, DIESE TAKTIK! DA HABEN DIE KAVALLERISTEN KEIN LEICHTES SPIEL... AUSSERDEM SIND SIE GEFANGENE IHRER EIGENEN RÜSTUNGEN...

...UND IHRER ÜBERHOLTEN BRÄUCHE!

SIE WERDEN UNSERE KAMPFART WAHRSCHEINLICH FÜR UNLAUTER* HALTEN.

SOLLEN SIE DOCH! UMSO SCHNELLER ROTTEN SIE SICH SELBER AUS!

MIT DEM **15.** JAHRHUNDERT GEHT DAS **MITTELALTER** ZU ENDE. DIE EIDGENOSSEN BEHERRSCHEN DIE SCHLACHT-FELDER. IN **GRANDSON**, **MURTEN** UND **NANCY** HABEN SIE SICH ALS UNBESIEGBAR ERWIESEN. ALLES IN ALLEM EIN RUHMREICHER ABSCHNITT UNSERER GESCHICHTE. ABER...

* DER EINSATZ ALLER FEUERWAFFEN WURDE VOM ADEL ALS "REGELWIDRIG" ERACHTET.

5

...DER SIEG DER EIDGENOSSEN ÜBER DAS BURGUND HAT SCHWERE FOLGEN...

WIR HABEN **KARL DEN KÜHNEN** BESIEGT, UND WEM NÜTZT ES? DEM **KÖNIG VON FRANKREICH**!

WIR HABEN IHM DIE **FREIGRAFSCHAFT** FÜR **150000** GULDEN ABGETRETEN... UND VOM GELD HABEN WIR NOCH NICHTS GESEHEN!

UND DIE BURGUNDERBEUTE? DER LÖWENANTEIL GING NATÜRLICH AN DIE STÄDTE!

DAS IST NICHTS WIE RECHT! SCHLIESSLICH HABEN SIE AUCH VIEL MEHR LEUTE GESCHICKT ALS IHR.*

KRIEGER ZU FINDEN IST FÜR EUCH STÄDTER KEIN PROBLEM. IHR SEID JA STÄNDIG DARAUF AUS, EUER GEBIET ZU VERGRÖSSERN.**

DANN TUT ES UNS DOCH NACH!

AUCH AUF EURE KOSTEN?

VERSUCHT ES DOCH! IHR WERDET SCHON SEHEN!

*DIE STÄDTE VERFÜGTEN ZUSAMMEN ÜBER ETWA 40000 BEWAFFNETE MÄNNER, DIE LANDKANTONE ÜBER RUND 14000.
**IN DIESEM STREIT VERSCHWEIGT URI WOHLWEISLICH SEINE UEBERGRIFFE INS TESSIN.

ICH SEHE SCHON, HIER DENKT JEDER NUR AN SICH. UND WO BLEIBT DER EIDGENÖSSISCHE GEDANKE?

WOLLT IHR MICH BELEIDIGEN? AN DER EIDGENOSSENSCHAFT WIRD NICHT GERÜTTELT, UND WIR STÄDTER WERDEN SIE WANN IMMER NÖTIG VERTEIDIGEN!

SIEH DA, DIE STÄDTER WERDEN UNVERSCHÄMT! UND UNS BLEIBT DAS VORRECHT, ZU GEHORCHEN.

DAS IST JA LÄCHERLICH. IHR WISST GANZ GENAU, DASS WIR UNSERE ANFÜHRER NACH IHREN FÄHIGKEITEN BESTIMMEN UND NICHT DANACH, OB SIE AUS DER STADT STAMMEN.

6

UND DOCH SIND SIE ALLE AUS DER STADT! ALS SEIEN NUR SIE FÄHIG ZU BEFEHLEN.

NATÜRLICH! SIE SIND NICHT NUR GESCHICKT IM BEFEHLEN, SIE HABEN DAZU NOCH MUT. NIMM ZUM BEISPIEL DIE FREIBURGER ODER DIE SOLOTHURNER; SIE HABEN SICH AN UNSERER SEITE GESCHLAGEN...

...WESHALB SIE ES AUCH VERDIENEN, UNSEREM BUNDE ANZUGEHÖREN.

KOMMT NICHT IN FRAGE! STÄDTE WIE DIESE HABEN WIR SCHON IM ÜBERFLUSS!

ES FOLGEN WEITERE TAGSATZUNGEN*, DIE ABER DIE GEMÜTER AUCH NICHT ZU BERUHIGEN VERMÖGEN. *1477*, ZUR FASNACHTSZEIT, MACHT SICH DIE ALLGEMEINE UNZUFRIEDENHEIT WIEDER EINMAL LUFT...

WENN WIR DENKEN, DASS WIR URNER UND SCHWYZER UNS VIEL MEHR EINGESETZT HABEN IN NANCY, UND NICHTS DAFÜR BEKOMMEN HABEN...

...UND DASS UNS JETZT DIE BERNER EINFACH AUF UNSERE FELDER ZURÜCKSCHICKEN WOLLEN!

DIE BÜRGER HALTEN UNS FÜR BESCHRÄNKT UND WOLLEN ALLES FÜR SICH BEANSPRUCHEN!

JETZT REICHT ES. DIE GENFER SCHULDEN UNS NOCH *24000* KRONEN! HOLEN WIR SIE UNS!

* EINTÄGIGE VERSAMMLUNG (LAT. DIES = TAG).

UND WEHE IHNEN, WENN SIE NICHT ZAHLEN! DIESMAL SCHRECKEN WIR NICHT VOR PLÜNDERUNGEN ZURÜCK!

SCHAUT HER, KAMERADEN. DAS SOLL UNSER BANNER SEIN!

DIE AUS EINEM FASNACHTSZUG ENTSTANDENE "GESELLSCHAFT DES TÖRICHTEN LEBENS" VERLÄSST LUZERN UND DURCHSCHREITET IM SOGENANNTEN SAUBANNERZUG DAS ENTLEBUCH IN RICHTUNG GENF.

EIN ZUG VON UNZUFRIEDENEN SCHART SICH UM DIESES BANNER. ZU IHNEN GESELLEN SICH ZAHLREICHE UNBESCHÄFTIGTE KRIEGER. SIE VERHÖHNEN DIE STÄDTE AN DENEN SIE VORBEIZIEHEN...

HALLO, IHR GROSSZÜGIGEN BERNER! WAS SOLLEN WIR MIT EUREN VERSPRECHUNGEN! BALD WIRD DAS GOLD DER GENFER AUCH UNSERE TASCHEN FÜLLEN.

...JEDER TAG WIRD DER ZUG GRÖSSER, UND VOR DEN MAUERN VON FREIBURG ZÄHLT ER SCHON ÜBER 2000 MANN.

SCHLUSS MIT EUREN WINKELZÜGEN, MIT DENEN IHR EUCH DEN LÖWENANTEIL SICHERN WOLLT!

IN GENF MACHT SICH WACHSENDE UNRUHE BREIT.

JETZT SIND DIESE FANATIKER BEREITS IN PAYERNE UND LAUSANNE ANGELANGT. SIE PLÜNDERN WILD DRAUF LOS!

UND SIE WERDEN AUCH MIT UNS NICHT ZIMPERLICH UMGEHEN / UNSERE 8000 KRONEN WERDEN SIE AUCH NICHT DAVON ABBRINGEN KÖNNEN. WAS SOLLEN WIR TUN?

JOLANDA VON SAVOYEN UND DIE GRÄFIN VON GENEVOIX SIND BEREIT, IHREN SCHMUCK ALS PFAND ZUR VERFÜGUNG ZU STELLEN.

UND WENN WIR IHNEN GEISELN GÄBEN? VIELLEICHT ZÖGEN SIE SICH DANN ZURÜCK?

UND DEN GANZEN WEIN AUS UNSEREN KELLERN KÖNNTEN WIR IHNEN EBENFALLS GEBEN.

DIE "GESELLSCHAFT DES TÖRICHTEN LEBENS" NIMMT DEN HANDEL AN.

ABER ZUM TEUFEL! SO KOMMEN AUF JEDEN VON UNS JA NUR 2 KRONEN... UND EIN PAAR WEINFÄSSER!

WIR SOLLTEN NOCH DEN NEUENBURGERN EINEN "BESUCH" ABSTATTEN.

UNMÖGLICH! DIE BERNER RÜCKEN AN, UND MIT DENEN IST NICHT ZU SPASSEN.

SIE RATEN UNS, HEIMZUGEHEN UND WOLLEN UNS NOCH IN BERN EINEN IMBISS STIFTEN.

WIRKLICH ALLZU GÜTIG! ABER AUF IHR BROT VERZICHT ICH LIEBER! ZUM TEUFEL MIT IHNEN, LASST UNS NACH HAUSE ZIEHEN!

DER "SAUBANNERZUG" LIESS DIE STÄDTE NICHT UNBEEINDRUCKT. IN *MAI 1477* RÜCKEN *BERN, FREIBURG SOLOTHURN, LUZERN* UND *ZÜRICH* NÄHER ZUSAMMEN UND SCHLIESSEN EIN *"EWIGES BURGRECHT"* ZUR VERTEIDIGUNG IHRER GEMEINSAMEN ANLIEGEN UND UM DEN BÄUERLICHEN AUSSCHREITUNGEN BESSER ENTGEGENTRETEN ZU KÖNNEN.

ES IST SCHÄNDLICH! UNSERE MITEIDGENOSSEN AUS DEN LANDGEBIETEN HABEN DIESEN STÄDTEPLÜNDERUNGEN TATENLOS ZUGESEHEN.

WEN TRIFFT DIE SCHULD? WIR HABEN BLOSS AUF EINE UNGERECHTIGKEIT HIN GEHANDELT. IHR BEREICHERT EUCH UNUNTERBROCHEN AUF UNSERE KOSTEN UND VER- BÜNDET EUCH GEGEN UNS... UND WIR NAGEN AM HUNGERTUCH.

WAS KÖNNEN WIR DAFÜR, WENN NICHT GENÜGEND LAND VORHANDEN IST, UND SO VIELE IHRE HEIMAT VERLASSEN MÜSSEN, UM GELD ZU VER- DIENEN... GELD, DAS IN ERSTER LINIE DEN STÄDTEN ZUFÄLLT.

EIN GEMEINSAMER KRIEGSZUG GEGEN DEN HERZOG VON MAILAND UNTERBRICHT KURZ DIE AUSEINANDERSETZUNGEN. ABER NACH *1480* BRECHEN DIE FEINDSELIGKEITEN ZWISCHEN DEN EIDGENOSSEN WIEDER UMSO HEFTIGER AUS... BIS EINES TAGES IM NIDWÄLDISCHEN HAUPTORT *STANS*...

DIESE TAGSATZUNG MUSS UNS DEN FRIEDEN WIEDER BRINGEN!

SOLANGE DIE STÄDTER DEN BUND DAZU BENÜTZEN, UNTEREINANDER GESONDERTE BÜNDNISSE ZU IHREM VORTEIL EINZUGEHEN, WIRD DAS NICHT MÖGLICH SEIN!

IHR BÜRGER SEID ALLE VERRÄTER!

IHR WAGT ES...

JA, WIR WAGEN ES! ERINNERT IHR EUCH, ALS URI UND SCHWYZ GEGEN SAVOYEN UND DEN *FREIHERRN VON RARON* KÄMPFTEN, WEM HABT IHR BERNER DAMALS DIE STANGE GEHALTEN? NATÜRLICH DEM FREIHERRN!

LASST DOCH DIE ALTEN GESCHICHTEN! DAS IST ÜBER *40* JAHRE HER. IM ÜBRIGEN WAR DER FREIHERR VON RARON EINER DER UNSRIGEN.

UND WIE WAR DENN DAS MIT DEM BURGUNDERSCHATZ? HABT IHR DAS SCHON VER- GESSEN? DORT IST DOCH NOCH EINE RECHNUNG OFFEN.

WIR WISSEN SCHON, WESHALB DIE STÄDTE DARÜBER NICHT REDEN WOLLEN, SCHON GANZE *5* JAHRE. SIE HABEN SICH BE- REITS BEDIENT, SO IST DAS!

DAS ÄNDERT NICHTS AN EUREM VERRAT UND BEWEIST, DASS IHR STÄDTER EHER ZU DEN ADLIGEN HÄLT ALS ZU UNS WALDSTÄTTEN, EUREN VERBÜNDETEN FREUNDEN!

SO BERUHIGT EUCH DOCH IN GOTTES NAMEN. EURE STREITIGKEITEN MACHEN NUR UNSERE FEINDE STARK.

9

AM ABEND DES **18. DEZEMBER** GEHT DIESE TAGSATZUNG IN VÖLLIGER RATLOSIGKEIT UND VERWIRRUNG ZU ENDE. BEUNRUHIGT UND VERÄRGERT ÜBER DEN VERLAUF DER EREIGNISSE NIMMT DER PROBST VON STANS, **HEIMO AM GRUND**, DIE DINGE IN DIE HAND...

WENN WIR SO WEITER MACHEN, GIBT ES EINEN BÜRGERKRIEG. HIER KANN UNS NUR EINER WEITER-HELFEN. **BRUDER NIKLAUS VON DER FLÜE**, DER EINSIEDLER AUF DER **RANFT**.

ICH WEISS, WAS DICH ZU MIR FÜHRT. HÖR MEINE BOTSCHAFT. UEBERBRINGE SIE GETREU DEN ABGEORDNETEN VON STANS, UND NUR IHNEN!

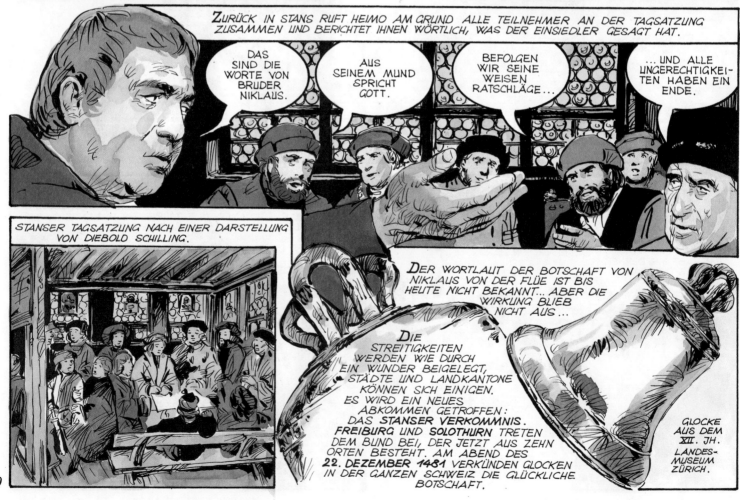

ZURÜCK IN STANS RUFT HEIMO AM GRUND ALLE TEILNEHMER AN DER TAGSATZUNG ZUSAMMEN UND BERICHTET IHNEN WÖRTLICH, WAS DER EINSIEDLER GESAGT HAT.

DAS SIND DIE WORTE VON BRUDER NIKLAUS.

AUS SEINEM MUND SPRICHT GOTT.

BEFOLGEN WIR SEINE WEISEN RATSCHLÄGE...

...UND ALLE UNGERECHTIGKEI-TEN HABEN EIN ENDE.

STANSER TAGSATZUNG NACH EINER DARSTELLUNG VON DIEBOLD SCHILLING.

DER WORTLAUT DER BOTSCHAFT VON NIKLAUS VON DER FLÜE IST BIS HEUTE NICHT BEKANNT... ABER DIE WIRKUNG BLIEB NICHT AUS...

DIE STREITIGKEITEN WERDEN WIE DURCH EIN WUNDER BEIGELEGT, STÄDTE UND LANDKANTONE KÖNNEN SICH EINIGEN. ES WIRD EIN NEUES ABKOMMEN GETROFFEN: DAS **STANSER VERKOMMNIS**. **FREIBURG** UND **SOLOTHURN** TRETEN DEM BUND BEI, DER JETZT AUS ZEHN ORTEN BESTEHT. AM ABEND DES **22. DEZEMBER 1481** VERKÜNDEN GLOCKEN IN DER GANZEN SCHWEIZ DIE GLÜCKLICHE BOTSCHAFT.

GLOCKE AUS DEM XII. JH. LANDES-MUSEUM ZÜRICH.

10

DAS STANSER VERKOMMNIS BLEIBT ÜBER **DREI JAHRHUNDERTE** IN KRAFT. ES UNTERSAGT ERHEBUNGEN UND AUFWIEGELUNGEN. UND TROTZDEM GEHT ES NICHT LANGE, BIS WIEDER UNRUHEN AUSBRECHEN. 1489 IN **ZÜRICH**...

UNSER BÜRGERMEISTER, **HANS WALDMANN**, HAT AUS ZÜRICH DIE WICHTIGSTE STADT DER EIDGENOSSENSCHAFT GEMACHT. ER IST EIN WAHRHAFT GROSSER MANN!

... NUR VERTRÄGT ER KEINE KRITIK. DENKT AN **FRISCHHAUS TEILING.***

*DIE VERHAFTUNG UND HINRICHTUNG DIESES LUZERNERS HATTE DIE EIDGENOSSEN ENTRÜSTET.

WALDMANN IST EIN SCHWÄTZER. ER HÄLT NICHT, WAS ER VERSPRICHT.

BECHER, KETTE UND SIEGEL VON HANS WALDMANN -LANDESMUSEUM, ZÜRICH-:

SEINE GANZE GUNST GILT SEINEN FREUNDEN AUS DER STADT - UND ZU WESSEN NACHTEIL?

NATÜRLICH ZU UNSEREM. SEIT NEUESTEM GILT DAS GESETZ, DASS WIR UNSERE ERNTE NICHT MEHR DIREKT AUF DEN MARKT BRINGEN DÜRFEN. MAN HAT UNS SOGAR UNTERSAGT, UNSERE KLEIDER UND WERKZEUGE SELBER HERZUSTELLEN.*

*JEDE ZUNFT MACHTE EIN MONOPOLRECHT FÜR IHR JEWEILIGES HANDWERK GELTEND.

NICHT EINMAL MEHR EINEN HUND DÜRFEN WIR HALTEN!

ABER NATÜRLICH! EIN HUND KÖNNTE DAS WILD AUFSCHRECKEN, UND DAS IST DOCH FÜR WALDMANN UND SEINE JAGDFREUNDE RESERVIERT!

ER HÄLT SICH WIRKLICH FÜR EINEN KÖNIG.

*IM **MÄRZ 1489** BRICHT DER AUFSTAND AUS...*

HÖRT HER, IHR LEUTE. ICH WILL EUCH VORLESEN, WAS DIESER WALDMANN UNS AUSRICHTEN LÄSST: "AUF DAS UNTERWÜRFIGE FLEHEN DER REUIGEN UND ZERKNIRSCHTEN BAUERN UND IM NAMEN GOTTES UND DER HEILIGEN JUNGFRAU HABEN DIE RATSMITGLIEDER GNÄDIGST BESCHLOSSEN, IHRE VERFÜGUNGEN ZU WIDERRUFEN."

SIE MACHEN SICH ÜBER UNS LUSTIG!

DAS MASS IST VOLL!

... UND WALDMANN FINDET TROTZ DEM STANSER VERKOMMNIS KEINE UNTERSTÜTZUNG VON SEITEN DER EIDGENOSSEN, UM DEN AUFSTAND ZU UNTERDRÜCKEN. AM 6. APRIL 1489...

GOTT VERGEBE MEINE SÜNDEN UND HALTE ALLE UEBEL VON MEINER GELIEBTEN STADT ZÜRICH FERN!

SEIN EHRGEIZ IST IHM ZUM VERHÄNGNIS GEWORDEN.

WAS FÜR EIN TRAURIGES ENDE FÜR EINEN DER HELDEN VON MURTEN!

IM JANUAR 1499...

DIE OESTERREICHER HABEN DIE BÜNDNER ANGEGRIFFEN!

JETZT FÄNGT ES SCHON WIEDER AN!

DIE HABSBURGER SIND GESCHLAGEN. JETZT WENDEN SIE SICH AN DEN SCHWÄBISCHEN BUND.

SAUSCHWABEN!* IMMER SIND SIE GEGEN UNS!

*GENAUSO WIE URSPRÜNGLICH DAS WORT "SCHWEIZER" (SIEHE BAND 2, S.41) IST BIS HEUTE IM DIALEKT DAS WORT "SCHWOB" EIN SCHIMPFNAME.

MAN BENACHRICHTIGT KAISER MAXIMILIAN.

MAJESTÄT, DER SCHWÄBISCHE BUND WILL DIE EIDGENOSSEN ANGREIFEN! ER WÜNSCHT UNTERSTÜTZUNG VOM REICH.

ICH WERDE DEN SCHWÄBISCHEN BUND NICHT NUR UNTERSTÜTZEN, SONDERN DEN KRIEGSZUG PERSÖNLICH LEITEN! UND WISSET, DASS ICH DIE EIDGENOSSEN VON JETZT AN MIT DEM REICHSBANN BELEGE.

WÄHREND 6 MONATEN FINDEN BLUTIGE KÄMPFE STATT.

16000 KAISERTREUE BELAGERN DAS SCHLOSS DORNACH.

WIR SIND NUR 3000, ABER ES SOLLEN NOCH 1000 ZUGER UND LUZERNER ZU UNS STOSSEN.

DANN SIND WIR GENUG FÜR EINEN UEBERRASCHUNGSANGRIFF!

AM 22. JULI 1499 GREIFEN DIE EIDGENOSSEN DIE KAISERLICHEN TRUPPEN AN. SIE UEBERRASCHEN SIE, ALS SIE IN DER BIRS BADEN.

DIESE SCHWABEN* SIND HARTNÄCKIGE GEGNER! KEIN WUNDER, SIE WENDEN JA UNSERE METHODEN AN!

WIR HABEN SIE TROTZDEM BESIEGT, ABER UM WELCHEN PREIS! VIELE SCHLÖSSER, STÄDTE UND DÖRFER LIEGEN IN SCHUTT UND ASCHE!

NOCH NIE GAB ES INNERT SO KURZER ZEIT SO VIELE TOTE!**

*DIES IST DER ERSTE ZUSAMMENSTOSS MIT DEN SCHWÄBISCHEN LANDSKNECHTEN, GEGEN DIE DIE EIDGENOSSEN NOCH OFT KÄMPFEN WERDEN.
** DER SCHWABENKRIEG FORDERTE 20 000 TOTE.

13

IM SEPTEMBER 1499...

MAJESTÄT, NACH DEM FRIEDENSSCHLUSS MIT DEN EIDGENOSSEN ANERKENNEN ZWAR DIESE DAS REICH, ABER SIE WOLLEN SICH SEINER GERICHTSBARKEIT NICHT UNTERSTELLEN.

IM GRUNDE GENOMMEN IST DAS UMSO BESSER! SIE SCHLIESSEN SICH "DE FACTO"* AUS UNSEREM REICH AUS! ICH KOMME SEHR WOHL OHNE DIESE STARR- KÖPFIGEN, ÜBERHEB- LICHEN REBELLEN AUS. SIE LEHNEN SICH GEGEN GOTT, EHRE UND RECHT AUF.

DIE EIDGENOS- SENSCHAFT ENTZIEHT SICH SO "DE FACTO" DER KAISER- LICHEN GEWALT. IM WESTFÄLI- SCHEN FRIEDEN VON 1648 ENTZIEHT SIE SICH IHR DANN "DE JURE"!

UNBEGREIFLICH! AN ANFANG WOLL- TE DER KAISER SIE UM JEDEN PREIS UNTERWERFEN...

...UND JETZT BEHAUPTET ER, ES SEI IHM EINERLEI!

VIELLEICHT IST IHM BEWUSST GEWORDEN, WIE TEUER IHN DIESE UNTERWERFUNG DER EIDGENOSSEN ZU STEHEN KÄME... ODER DANN IST ER WIRKLICH SO LAU- NISCH WIE MACHIA- VELLI ES IMMER SAGT!*

*TATSÄCHLICH SCHRIEB DER BERÜHMTE FLORENTINISCHE GESCHICHTSSCHREIBER: "HEUTE WILL ER ETWAS, DAS ER MORGEN SCHON NICHT MEHR WILL. OFT ZERSTÖRT ER ABENDS, WAS ER AM MORGEN AUFGEBAUT."

DIE STADT BASEL, DIE SICH AUS DEM SCHWABENKRIEG HERAUSGEHALTEN HATTE, HAT DAMIT DEN ZORN DES KAISERS ERREGT. AM 9. JUNI 1501 IN LUZERN...

WIR HABEN NICHT GEGEN EUCH PARTEI ERGRIFFEN, UND DAFÜR WERDEN WIR JETZT VON DEN LEUTEN DES KAISERS GEPLAGT: SIE NEHMEN UNS UNSERE SCHIFFE, SIE ERHEBEN NEUE UND SEHR HOHE ZÖLLE AN DEN GRENZEN. KÖNNEN WIR EUREM BUND BEITRETEN?

AM 10. AUGUST SIND ES DIE SCHAFFHAUSER...

WIR SIND IN DERSELBEN LAGE WIE DIE BASLER! WOLLT IHR AUCH UNS AUFNEHMEN?

IM JAHRE 1513 TRITT AUCH APPENZELL BEI. 3 JAHRHUNDERTE LANG WIRD DIE EIDGENOSSENSCHAFT 13 ORTE UMFASSEN.

ZUSAMMEN MIT DEN ZUGEWANDTEN ORTEN, DEN VOGTEIEN UND DEN UN- TERTÄNENGEBIETEN ENTSPRICHT DAS DAMALIGE GEBIET ETWA DEMJENIGEN DER HEUTIGEN SCHWEIZ.

KANTONE   ZUGEWANDTE ORTE   UNTERTANEN- GEBIETE

DIE EIDGENOSSEN VERGESSEN ABER DIE WEISEN RAT- SCHLÄGE VON NIKLAUS VON DER FLÜE* UND UNTERNEHMEN IM BUNDE MIT FRANKREICH, MIT DER FRANZÖSISCHEN ALLIANZ, EINE REIHE VON EROBERUNGSZÜGEN.

IM DIENSTE DER FÜRSTEN SIND WIR SEIT EINIGER ZEIT IN GANZ ITALIEN HERUMGE- KOMMEN.

WIR KÖNNEN ALSO VERGLEICHE ANSTELLEN.

IM GEGENSATZ ZU UNSEREM KARGEN BERGLAND...

...IST HIER DER BODEN FRUCHTBAR. EROBERN WIR DOCH DIESES GEBIET, WO DAS LEBEN LEICHTER UND SORGLOSER IST! DIE FRANZÖSISCHEN KÖNIGE WISSEN ES WOHL. SIE BEGEHREN ES GENAUSO WIE WIR.

14

*"OH LIEBE FREUNDE! MACHET DEN ZAUN NICHT ZU WEIT, DAMIT IHR DESTO BESSER IN FRIEDEN, RUHE, EINIGKEIT UND IN EURER SAUER ERRUNGENEN LÖBLICHEN FREIHEIT BLEIBEN MÖGET. BELADET EUCH NICHT MIT FREMDER HERRSCHAFT, HÜTET EUCH VOR ZWIETRACHT UND EIGENNUTZ. WACHET ÜBER EUER VATERLAND UND HALTET ZU IHM. SINNET NICHT AUF KRIEG..." (NACH HANS SALAT, 1537)

UM 1500 SIND DIE SCHWEIZER IN NOVARA...

IN UNSEREM BERUF WEISS MAN NIE, WORAN MAN IST! WIR SIND 6000 MANN IM DIENSTE DER SFORZA, DEN FRÜHEREN FREUNDEN KARLS DES KÜHNEN.

...UND STEHEN JETZT DER ARMEE DES KÖNIGS VON FRANKREICH GEGENÜBER, DER SEINERSEITS ZUR ZEIT DER BURGUNDERKRIEGE UNSER VERBÜNDETER WAR!

WAS MICH BEUNRUHIGT IST, DASS 10000 UNSERER WAFFENBRÜDER IN DER ARMEE DES FRANZÖSISCHEN KÖNIGS* SIND UND UNS BELAGERN!

* LUDWIG XII.

IN ZÜRICH AN DER TAGSATZUNG MACHT MAN SICH GEDANKEN...

WENN DIE FÜRSTEN EINANDER BEKÄMPFEN, SO IST DAS IHRE SACHE, MISCHEN WIR UNS DA NICHT EIN!

DU VERGISST UNSERE BÜNDNISSE... MIT BEIDEN LAGERN! WIR MÜSSEN UNBEDINGT ETWAS UNTERNEHMEN!

UNSERE LEUTE DÜRFEN SICH AUF KEINEN FALL GEGENSEITIG BEKÄMPFEN!

ES WERDEN BOTEN DER TAGSATZUNG NACH NOVARA GESCHICKT...

TUT WAS IHR WOLLT, ABER FINDET EINE LÖSUNG!

ALSO GUT, WIR EINIGEN UNS MIT DEM KÖNIG VON FRANKREICH ÜBER UNSERN ABZUG... NEHMEN ABER LUDWIG DEN MOHREN MIT UNS.

WIR VERSTECKEN IHN UNTER UNSEREN LEUTEN.

15

DAS KOMMT DEN FRANZOSEN ZU OHREN...

MAJESTÄT! UNSERE SCHWEIZER SÖLDNER SIND MIT DENEN DES HERZOGS VON MAILAND UND VON NOVARA ÜBEREINGEKOMMEN.

EINE GUTE NACHRICHT! DAS VEREINFACHT ALLES!

DAVON BIN ICH NICHT ÜBERZEUGT, MAJESTÄT! DIE SCHWEIZER WOLLEN DIE STADT VERLASSEN UND UNTER IHREN LEUTEN LUDWIG DEN MOHREN VERSTECKEN.

KEIN NOCH SO GUTES VERSTECK WIRD **200** GOLDKRONEN WIDERSTEHEN. NIMM UND MACH GUTEN GEBRAUCH DAVON!

UND WÄHREND DIE SCHWEIZER DARAN SIND, NOVARA ZU VERLASSEN...

EINE GANZ KLEINE AUSKUNFT FÜR 200 SCHÖNE GOLDSTÜCKE. WAS MEINST DU?

DIE SIND IMMER WILLKOMMEN!

DAS IST ER!

DER IM JAHRE **1500** IN GEFANGENSCHAFT GERATENE LUDWIG DER MOHR STIRBT **1508** IN EINEM FRANZÖSISCHEN KERKER.

DIESER ELENDE VERRAT ERREGT IN DER GANZEN EIDGENOSSENSCHAFT BESTÜRZUNG. ZWEI JAHRE NACH SEINEM VERRAT KEHRT DER URNER **HANS TURMANN** NACH HAUSE ZURÜCK, WO ER SOGLEICH VERHAFTET UND AUF BEFEHL DER TAGSATZUNG HINGERICHTET WIRD.

NACH EINER DARSTELLUNG VON DIEBOLD SCHILLING.

16

FÜR LUDWIG XII. STEHT JETZT ALLES ZUM BESTEN...

NOVARA IST GEFALLEN. DAS HERZOGTUM MAILAND IST UNS. UND JETZT KÖNNEN WIR AUCH UNSEREN ANSPRUCH AUF **VENEDIG** GELTEND MACHEN.

DIE UNTERSTÜTZUNG SPANIENS UND KAISER MAXIMILIANS IST UNS JEDENFALLS SICHER!

MEINE TREUEN EIDGENÖSSISCHEN VERBÜNDETEN SOLLTEN MIR **BELLINZONA** ABTRETEN!

ABER DER ANSPRUCH LUDWIGS XII. AUF BELLINZONA ERZÜRNT DIE EIDGENOSSEN...

FÜR UNS URNER KANN KEINE REDE DAVON SEIN! BELLINZONA IST IN UNSEREM BESITZ UND WIRD ES AUCH BLEIBEN! DER KÖNIG SOLL NUR AUFPASSEN: UNSER RECHT VERTEIDIGEN WIR MIT UNSEREN HELLEBARDEN!

EINE FRECHHEIT! ER NIMMT UNSERE LEUTE IN SOLD, SIE DIENEN IHM TREU UND STATT DANKBAR ZU SEIN, HANDELT ER UNS IMMER ZUWIDER!

ERHEBEN WIR DOCH EINE ARMEE, UM IHM ZU ZEIGEN, WER DER STÄRKERE IST!

14000 EIDGENOSSEN MARSCHIEREN AUF DAS HERZOGTUM MAILAND ZU. EILIGST GERUFENE FRANZÖSISCHE BOTEN VERMÖGEN ABER DAS SCHLIMMSTE ZU VERHÜTEN: IN EINEM AM **11. MÄRZ 1503** ABGESCHLOSSENEN VERTRAG WERDEN DIE RECHTE DER WALDSTÄTTE AUF **BELLINZONA POLLEGIO** UND **RIVIERA** ANERKANNT.

TROTZ IHRER WACHSENDEN ERBITTERUNG GEGENÜBER DEM FRANZÖSISCHEN KÖNIG BLEIBEN DIE SCHWEIZER WÄHREND DER ITALIENISCHEN FELDZÜGE IN SEINEM DIENST, BIS EINES TAGES PAPST **JULIUS II.** (DELLA ROVERE) BESCHLIESST, EINZUGREIFEN...

HEILIGER VATER, DIE SERENISSIMA * BITTET UM IHRE HILFE GEGEN DIE FRANZOSEN.

DIE KIRCHE HAT KEIN STARKES HEER, ABER VIELLEICHT KÖNNTE ICH VON DIESEN GEFÜRCHTETEN EIDGENOSSEN VERSTÄRKUNG BEKOMMEN.

* REPUBLIK VON VENEDIG.

IM **WALLIS** VERTEIDIGT **MATTHÄUS SCHINER**, DER BISCHOF VON **SITTEN**, DIE INTERESSEN DES PAPSTES...

WAS WILL DENN UNSER BISCHOF MIT ALL DEM GELD MACHEN, DAS ER VON JULIUS II. ERHALTEN HAT?

WAHRSCHEINLICH WILL ER DIE TAGSATZUNG DAZU BRINGEN, UNSERER HEILIGEN KIRCHE TRUPPEN ZU SCHICKEN.

UND TATSÄCHLICH, IM **MÄRZ 1510**...

IHR HABT UNS ÜBERZEUGT. PAPST JULIUS II. KANN AUF UNSERE TRUPPEN ZÄHLEN. WIR WERDEN IHM IN DEN NÄCHSTEN **5** JAHREN **6000** MANN ZUR VERFÜGUNG STELLEN.

IHR WERDET ES NICHT BEREUEN. DER GÖTTLICHE SEGEN SEI MIT EUCH!

EIDGENOSSEN, BRÜDER, VORWÄRTS MARSCH!

MATTHÄUS SCHINER GELINGT SOGAR DAS KUNSTSTÜCK, VON KAISER MAXIMILIAN EBENFALLS DIE BEZAHLUNG VON PENSIONEN AN DIE EIDGENOSSEN ZU ERWIRKEN.

WEISST DU EIGENTLICH, WAS WIR IN DER LOMBARDEI MACHEN SOLLEN?

DIE DURCH PAPST JULIUS II. ABGESCHLOSSENE **HEILIGE LIGA** GEGEN FRANKREICH UMFASST KAISER MAXIMILIAN, FERDINAND VON ARAGON, HEINRICH VIII. VON ENGLAND, DIE **VENEZIANER** UND NATÜRLICH DIE **EIDGENOSSEN**.

IN DER LOMBARDEI? GANZ EINFACH, WIR MÜSSEN GEGEN DIE FRANZOSEN KÄMPFEN.

UND ICH HABE STETS GEDACHT, WIR KÄMPFTEN **FÜR** SIE?

FINDEST DU DAS SO EINFACH, PLÖTZLICH MIT KAISER MAXIMILIAN VERBÜNDET ZU SEIN?

DA KOMMT UNSEREINER NICHT MEHR DRAUS!

DAFÜR BIST DU AUCH NICHT DA! NEUE VERBÜNDETE SIND STETS WILLKOMMEN, SEIEN SIE HABSBURGER ODER VENEZIANER!

ABER LETZTES MAL WAREN DOCH DIE VENEZIANER... AUF SEITE DER FRANZOSEN! HABEN WIR ALSO DAS LAGER GEWECHSELT?

WENN EIN FÜRST MACHTHUNGRIG WIRD, WARUM NICHT? UND WIDERSPRICH NICHT; TU, WAS MAN VON DIR VERLANGT!

ZUSAMMEN MIT DER VENEZIANISCHEN ARMEE MARSCHIEREN 18 000 EIDGENOSSEN VON *VERONA* NACH *PAVIA* UND VON DORT NACH MAILAND. WIR SIND IM JAHRE *1512*.

EIN RICHTIGER SPAZIERGANG! ALLE FRANZOSEN SIND ABGEHAUEN!

MIT DER RÜCKGABE DES HERZOGTUMS MAILAND AN DIE **SFORZAS** WIRD UNS DER JUNGE HERZOG MAXIMILIAN SICHER DEN VERRAT AN SEINEM VATER, LUDWIG DEM MOHREN, VERGEBEN.

DIE LOMBARDEN MÖGEN ABER DIE SFORZAS NICHT.

DAS STIMMT... UND WEISST DU, DASS DIE VENEZIANER DIE LIGA VERLASSEN WOLLEN?

UM GOTTES WILLEN! WIRD JETZT WIEDER LAGER GEWECHSELT?

18

PAPST JULIUS II. STIRBT AM **21. FEBRUAR 1513**. DER KÖNIG VON FRANKREICH DRINGT WIEDER IN DIE LOMBARDEI EIN.

DIE HEILIGE LIGA LÖST SICH NACH UND NACH AUF UND VENEDIG WENDET SICH AN FRANKREICH.

UNSERE ARTILLERIE IST STARK, ABER WIR HABEN KEINE SCHWEIZER MEHR. HOFFENTLICH KÄMPFEN UNSERE LANDSKNECHTE SO GUT WIE SIE!

NOCH VIEL BESSER, MAJESTÄT, SIE SIND VOLLER KAMPFLUST!

VERDAMMT! GENAU WIE VOR 13 JAHREN SITZEN WIR WIEDER MIT DEM HERZOG VON MAILAND IN NOVARA UND WERDEN BELAGERT!

NUR SIND DIESMAL NICHT UNSERE WAFFENBRÜDER, DIE EIDGENOSSEN GEGENÜBER, SONDERN LANDS-KNECHTE, MIT DENEN NICHT ZU VERHANDELN IST.

DIE EIDGENOSSENSCHAFT SCHICKT **8000** MANN VERSTÄRKUNG, WORAUF DIE SCHWEIZER IM JAHRE **1513** DIE FRANZOSEN BEI NOVARA VOLLKOMMEN VERNICHTEN.

UNSERE LANDSKNECHTE SIND NICHTS WERT.

WIR MÜSSEN UNS ETWAS AUSDENKEN FÜR DIESE EIDGENOSSEN. SIE ZUM FEIND ZU HABEN BRINGT ENTSCHIEDEN UNGLÜCK!

WIR KÖNNTEN DOCH VERSUCHEN, SIE ZU BESTECHEN. MIT GOLD UND GESCHICKLICHKEIT KÖNNEN UNSERE BOTSCHAFTER SICHER ZWIETRACHT UNTER IHNEN SÄEN.

AUSGEZEICHNET! DAS WIRD SICHER WENIGER KOSTEN, ALS SIE MIT EINER ARMEE BESIEGEN.

ABER DIE EIDGENOSSEN SIND EMPÖRT...

FRANKREICH TÄUSCHT SICH, WENN ES GLAUBT, ES KÖNNE UNS GEGEN-EINANDER AUFWIEGELN.

SOLL ES SEIN GOLD NUR BEHALTEN UND ALS ANTWORT AUF DIESEN BESTECHUNGS-VERSUCH GREIFEN WIR DIE FRANZOSEN IN IHREM EIGENEN LAND AN!

KAISER MAXIMILIAN HAT VERSPROCHEN, UNS TRUPPEN UND KANONEN ZU SCHICKEN.

IM JAHRE **1513** MARSCHIEREN **16000** EIDGE-NOSSEN NACH **BURGUND**, ZUSAMMEN MIT VERSTÄRKUNGSTRUPPEN DES KAISERS...

HABEN WIR JE DIE FRANZOSEN AUF IHREM GEBIET ANGEGRIFFEN?

NEIN, DAS IST DAS ERSTE MAL! ABER DIE FRANZÖSISCHEN KÖNIGE VERDIENEN NICHTS ANDERES MIT IHREN EWIGEN WINKELZÜGEN!

VENEDIG BETEUERT, ES SEI UNS WIEDER GANZ ERGEBEN. SCHINER IST ALSO MEHR DENN JE GEGEN UNS!

ZUM TEUFEL MIT DIESEM VERDAMMTEN ROTROCK!* DASS KAISER MAXIMILIAN, DER PAPST, SPANIEN UND DER HERZOG VON MAILAND GEGEN UNS SIND, GEHT JA NOCH AN, ABER DIE SCHWEIZER... DAS BRINGT UNHEIL!

*FRANZ I. SOLL DIESEN AUSDRUCK FÜR KARDINAL SCHINER SEINER ROTEN SUTANE WEGEN VERWENDET HABEN.

DA UNSER GOLD DIE SCHWEIZER NICHT MEHR ZU EINEM BÜNDNIS VERLOCKT, BENÜTZEN WIR ES WENIGSTENS, UM UNTER IHNEN ZWIETRACHT ZU SÄEN!

SO SEI ES! LASSEN WIR NICHTS UNVERSUCHT!

WISST IHR, WO DIE MÄCHTIGE ARMEE, DIE FRANZ I., IN LYON VERSAMMELT HAT, HINMARSCHIERT?

ES IST JEDENFALLS EIN GEWALTIGER, NOCH NIE GESEHENER AUFMARSCH: 40000 FUSSOLDATEN, 15000 REITER, 300 LEICHTE KANONEN UND 70 SCHWERE KANONEN.

WAPPENSCHILD EINES ZÜRCHER GERICHTSVOLLZIEHERS.

GOTT VERDAMME DEN KAISER MAXIMILIAN! ER BEHAUPTET, ER SEI UNSER VERBÜNDETER... UND SCHICKT DEM KÖNIG 16000 LANDSKNECHTE!

NACH EINEM FÜNFTÄGIGEN EILMARSCH BRICHT FRANZ I. MIT SEINER ARMEE IN ITALIEN EIN.

MAJESTÄT! UNSER GOLD HAT SEIN WERK GETAN: DIE SCHWEIZER SIND UNTEREINANDER UNEINS GEWORDEN!

AUSGEZEICHNET! SCHMIEDEN WIR DAS EISEN SOLANGE ES HEISS IST. ICH BIN BEREIT, DEN EIDGENOSSEN DIE 400000 VON LUDWIG II. VERSPROCHENEN KRONEN ZU BEZAHLEN, UND DAZU NOCH 300000 KRONEN, DIE SIE SEIT LANGEM UND VERGEBENS VON IHREM SCHÜTZLING, DEM HERZOG VON MAILAND ERWARTEN.

EINIGE TAGE SPÄTER...

DER ERFOLG UNSERES PLANES ÜBERSTEIGT ALL UNSERE ERWARTUNGEN. DIE MEISTEN STÄDTE SIND BEREIT, MIT UNS ZU MARSCHIEREN!

DIE BERNER ÜBERLASSEN UNS SOGAR DAS ESCHENTAL UND DAS VELTLIN, WENN WIR IHNEN DAFÜR 300000 KRONEN GEBEN.

IHRE GELDGIER IST GRENZENLOS. NUTZEN WIR DAS AUS!

AM 9. SEPTEMBER 1515 KOMMT ES NACH VERHANDLUNGEN ZUM ABSCHLUSS DES VERHÄNGNISVOLLEN VERTRAGS VON GALLARATE.

21

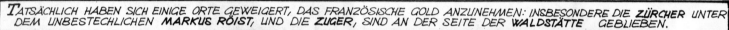

TATSÄCHLICH HABEN SICH EINIGE ORTE GEWEIGERT, DAS FRANZÖSISCHE GOLD ANZUNEHMEN: INSBESONDERE DIE **ZÜRCHER** UNTER DEM UNBESTECHLICHEN **MARKUS RÖIST**, UND DIE **ZUGER**, SIND AN DER SEITE DER **WALDSTÄTTE** GEBLIEBEN.

DIESE BRONZEKANONE, DER "DRACHE" GENANNT, WURDE DEM FEIND IN DER SCHLACHT ABGENOMMEN.

- HIST. MUSEUM, BASEL. -

22

MITTLERWEILE WÄCHST ABER DIE UNRUHE IM LAGER DER SCHWEIZER IN **MAILAND**.

SCHINER! DIE FRANZOSEN HABEN IHR LAGER IN **MARIGNANO** EINGERICHTET... UND UNSERE SPANISCHEN UND PÄPSTLICHEN VERBÜNDETEN SIND IMMER NOCH NICHT DA!

VERLIEREN WIR KEINE ZEIT! LASSEN WIR UNSERE EIDGENOSSEN AUF DEN FEIND LOS; DIE FRANZOSEN WERDEN SICHER UNTERLIEGEN!

VERJAGEN WIR DIE FEINDE DER KIRCHE AUS ITALIEN. NUR DIE EIDGENOSSEN-SCHAFT IST DIESES LANDES WÜRDIG!

EMINENZ! ES WURDEN FRANZÖSISCHE REITER VOR DEN STADT-MAUERN GE-SICHTET!

DIE GELEGENHEIT IST GÜNSTIG...

LASST UNS ANGREIFEN!

MARKUS RÖIST UND DIE EIDGENÖSSISCHEN HEERFÜHRER ZÖGERN NOCH. JEDOCH...

ES IST WAHNSINN, SICH MITTEN AM TAG IN DIE SCHLACHT ZU STÜRZEN.

DAS STIMMT, ABER DIE INNERSCHWEIZER UND DIE GLARNER *SIND BEREITS MIT SCHINER ABMARSCHIERT. WIR KÖN-NEN SIE NICHT ALLEIN IN DIE SCHLACHT ZIEHEN LASSEN! GOTT STEHE UNS BEI!

*MIT IHREM FELDGEISTLICHEN HULDRYCH ZWINGLI.

AM NACHMITTAG DES **13. SEPTEMBERS** BEREITEN SICH DIE TRUPPEN TROTZ ALLEM AUF DIE SCHLACHT VOR.

GEMÄSS IHRER KRIEGSTAKTIK TEILEN SICH DIE SCHWEIZER IN DREI KARREES VON JE **7000** BIS **8000** MANN AUF.

LOS! BITTEN WIR GOTT UM SEINEN BEISTAND.*

*DAS HINKNIEN VOR DER FEINDLICHEN ARTILLERIE HATTE AUCH SEINE TAKTISCHEN GRÜNDE: SO BOT MAN DEM FEIND EINE KLEINERE ANGRIFFSFLÄCHE.

23

WÄHREND DIE SOLDATEN NIEDERKNIEN, GEHT DIE ERSTE SALVE* DES FEINDES LOS.

* DIE OHRENBETÄUBENDE SALVE DER ARTILLERIE WAR IN JENER ZEIT EHER EIN GRUSS AN DEN FEIND (LAT. SALVE: GRUSS) ALS EIN REGELRECHTER ANGRIFF, DENN DIE ERSTEN SCHÜSSE ERREICHTEN NUR SELTEN IHR ZIEL.

UNTER DUMPFEN TROMMELSCHLÄGEN SETZT SICH DER ERSTE ANGRIFFSTRUPP IN BEWEGUNG.

LOS, AUF DIE KANONEN!

BEI DIESEM ERSTEN ANGRIFF WIRD IMMER VERSUCHT, DIE KANONEN ZU ERREICHEN, BEVOR SIE WIEDER GELADEN SIND.

DIESMAL ABER MÜSSEN DIE SCHWEIZER, UM ZU DEN KANONEN ZU GELANGEN, EINEN TIEFEN GRABEN ÜBERWINDEN, WAS IHRE SCHLACHTORDNUNG DURCHEINANDERBRINGT.

UNTER ANHALTENDEM PFEIL- UND KUGELREGEN AUS DEN GASKONISCHEN ARMBRÜSTEN, STUTZBÜCHSEN UND ARKEBUSEN ERREICHEN DIE SCHWEIZER...

...SCHLIESSLICH DIE ANDERE GRABENSEITE, WO SIE WIEDER DAS KARREE BILDEN UND SICH MEHRERER KANONEN BEMÄCHTIGEN. PLÖTZLICH ABER STEHEN SIE 10000 LANDSKNECHTEN GEGENÜBER, DIE NUR DARAUF WARTEN, SICH MIT IHREN TODFEINDEN, DEN SCHWEIZERN, ZU MESSEN.

DU MEINE GUETE!

!?

INZWISCHEN BEDRÄNGEN TRIVULCE UND DER KONNETABEL VON BOURBON MIT IHRER SCHWEREN KAVALLERIE DIE SCHWEIZER VON BEIDEN SEITEN HER...

...ABER EINMAL MEHR ERWEIST SICH DIE SCHWERFÄLLIGKEIT DER KAVALLERIE GEGENÜBER DEN FUSSSOLDATEN.

DIE SCHLACHT WIRD SICH ALSO ZWISCHEN DEN BEIDEN TRUPPEN IN DER MITTE ENTSCHEIDEN: ZWISCHEN DEN SCHWEIZERN UND DEN LANDSKNECHTEN.

DER AUFPRALL IST ÄUSSERST HEFTIG. DIE LANGSPIESSE ÖFFNEN ZWAR DIE ERSTEN FEINDLICHEN RÄNGE...

...NÜTZEN ABER BALD NICHTS MEHR.

ES KOMMT ZU EINEM GRAUSAMEN HANDGEMENGE ZWISCHEN...

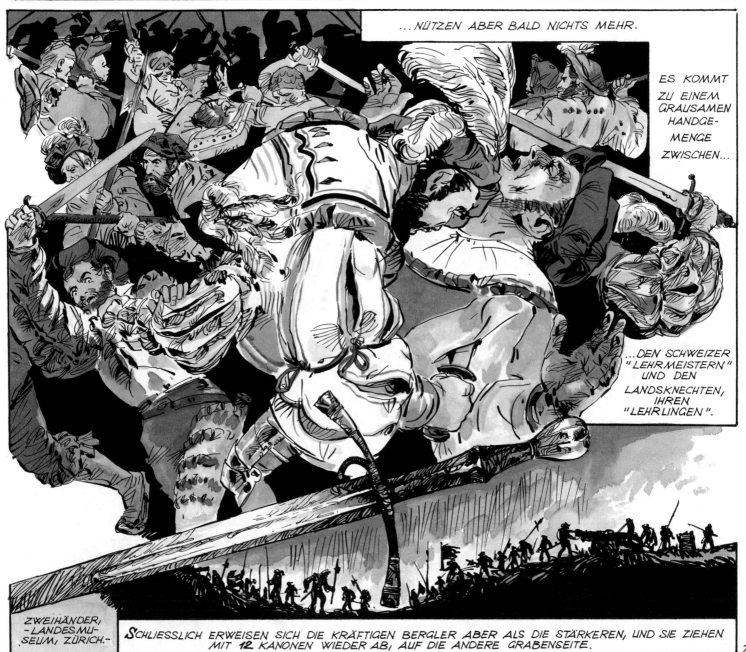

...DEN SCHWEIZER "LEHRMEISTERN" UND DEN LANDSKNECHTEN, IHREN "LEHRLINGEN".

ZWEIHÄNDER, - LANDESMUSEUM, ZÜRICH.-

SCHLIESSLICH ERWEISEN SICH DIE KRÄFTIGEN BERGLER ABER ALS DIE STÄRKEREN, UND SIE ZIEHEN MIT **12** KANONEN WIEDER AB, AUF DIE ANDERE GRABENSEITE.

SOGLEICH REITEN BOTEN AB, UM DEN GUTEN SCHLACHTVERLAUF ZU MELDEN...

DIE DUNKELHEIT BRICHT HEREIN UND MAN HÖRT NUR NOCH DEN DUMPFEN KLANG DES URISTIER.

DIE EIDGENOSSEN HALTEN RAT...

WIR VERWIRREN DEN FEIND DURCH ABLENKUNGSMANÖVER IM ZENTRUM UND AUF DEM RECHTEN FLÜGEL, WÄHREND DIE RESERVE LINKS VOLL ANGREIFT.

DIE TAKTIK, DIE UNS IN MURTEN, IN NANCY UND IN NOVARA ZUM SIEG VERHALF.

KEIN ERBARMEN MIT DEM FEIND.

NACH URS GRAF (1485-1527)-KUNST-MUSEUM, BASEL.-

IM FRANZÖSISCHEN LAGER...

MAJESTÄT, KÖNNEN WIR UNSERE SCHLACHT-ORDNUNG ÄNDERN

...DAMIT DIE SCHWEIZER UNS NICHT IN DIE ZANGE NEHMEN KÖNNEN?

ICH ÜBERLASSE DAS EUCH.

BEI MORGENGRAUEN SIND DIE ENTSCHLOSSENEN UND WILD KÄMPFENDEN RESERVETRUP-PEN DER EIDGENOSSEN NAHE AM SIEG...

... ALS UM 8 UHR MORGENS AUS LODI...

SAN MARCO!

SAN MARCO!

...1700 VENEZIANISCHE REITER UND 8000 FUSSSOLDATEN DEN FRANZOSEN ZU HILFE KOMMEN.

DER UNERWARTETE ANMARSCH DER VENEZIANER NIMMT DEN EIDGENOSSEN JEDE HOFFNUNG, WÄHREND DIE FRANZOSEN WIEDER MUT FASSEN...

IHRE LANDSKNECHTE, DIE GROSSE VERLUSTE ERLITTEN HATTEN, STELLEN SICH WIEDER ZUM KAMPF AUF UND GEHEN ZUM ANGRIFF ÜBER.

UNTER DER ANHALTENDEN BESCHIESSUNG DES FEINDES UND EINGEKREIST VON DER FRANZÖSISCHEN KAVALLERIE WIRD DAS EIDGENÖSSISCHE KARREE VOLLKOMMEN VERNICHTET.

NACH UNZÄHLIGEN SIEGEN IM LAUFE DER VERGANGENEN JAHRZEHNTE UND JAHRHUNDERTE MUSS DIE IN DIESER SCHLACHT SO SCHWER GEPRÜFTE SCHWEIZER INFANTERIE SICH SCHLIESSLICH GESCHLAGEN GEBEN.

ES MUSS ZUM RÜCKZUG GETROMMELT WERDEN... DIE VERLETZTEN WERDEN VOM SCHLACHTFELD AUFGENOMMEN. LANGSAM UND IN REIH UND GLIED MARSCHIEREN DIE EIDGENOSSEN, STOLZ IHRE BANNER SCHWINGEND, MIT DEN ERBEUTETEN KANONEN MAILAND ZU. ES IST DER **14. SEPTEMBER 1515.**

TRIVULCE! WIR MÜSSEN SIE NIEDERMETZELN!

WIR SIND GENAUSO ERSCHÖPFT WIE SIE, MEIN LIEBER ALENÇON.

DAS WÄRE UNVERZEIHLICH. ICH WÜNSCHE DAS NICHT.

NACH F. HODLER. -LANDESMUSEUM, ZÜRICH.-

FRANZ I. LÄSST EINE GEDENKMÜNZE ZUR SCHLACHT PRÄGEN, MIT DER INSCHRIFT "VICI AB UNO CAESARE VICTOS" (DIE ICH BESIEGTE, HATTE NUR CÄSAR BESIEGEN KÖNNEN).

DER EINSATZ VON FEUERWAFFEN, DIE ERST SEIT KURZEM AUF DEN EUROPÄISCHEN SCHLACHTFELDERN ZUR ANWENDUNG KAMEN, WAR SICHER AUSSCHLAGGEBEND IN MARIGNANO. DAS SCHIESSPULVER, EINE MISCHUNG VON SALPETER, SCHWEFEL UND KOHLE, WURDE IN EUROPA ANFANGS DES **14. JAHRHUNDERTS** ENTDECKT.

DIE ERSTEN FEUERWAFFEN AUS GUSSEISEN, AUS SCHMIEDEISEN ODER BRONZE WAREN NOCH VERHÄLTNISMÄSSIG KLEIN.

ENDE DES **14. JAHRHUNDERTS** WERDEN BAUART UND SCHUSSWEITE DER FEUERWAFFEN VERBESSERT. DIE BOMBARDE, DIE STEINSCHLEUDERMASCHINE, MIT IHREN WIE BEI FÄSSERN MIT EISENSPANGEN UMFASSTEN DAUBEN, SCHIESST RIESIGE STEINKUGELN.

MITTE DES **15. JAHRHUNDERTS** GIESSEN DIE GLOCKENGIESSER IMMER GRÖSSERE BRONZEBOMBARDEN.

SEHR WIRKSAM IST ES JA NICHT, DAFÜR MACHT ES UMSO MEHR LÄRM!

ICH SAG DIR, DER WIRKT WIE EIN MÖRSER!

UMFANG, SCHUSSWEITE UND GEWICHT DER GESCHOSSE (BIS ZU 3 ZENTNERN UND MEHR) WERDEN EBENFALLS STETS GRÖSSER.

DAS GEWICHT DIESER KRIEGSMASCHINEN IST JEDOCH SO GROSS, DASS SIE, IN TEILE ZERLEGT, AUF MEHREREN WAGEN TRANSPORTIERT WERDEN MÜSSEN.

BEIM BLOSSEN ANBLICK UNSERER UNGETÜME ERGEBEN SICH UNSERE FEINDE!

ENDE DES **15. JAHRHUNDERTS** KÖNNEN DANK EINER EISEN-BLEI-LEGIERUNG KLEINERE ABER TROTZDEM SCHWERERE GESCHOSSE HERGESTELLT WERDEN.

AUCH DIE HANDFEUERWAFFEN WERDEN HANDLICHER, UND MAN VERWENDET SIE IMMER HÄUFIGER. DAS GEHT...

... VON DEN HANDKANONEN...

ENDLICH HABEN WIR EINE WENIGER SCHWERFÄLLIGE, DAFÜR UMSO WIRKSAMERE ARTILLERIE!

...BIS ZU DEN LUNTENBÜCHSEN MIT IHREM FEIN GEARBEITETEN PULVERHORN.

NUR AUTOKRATISCHE STAATEN UND KÖNIGE KÖNNEN IHREN UNTERTANEN DIE HOHEN STEUERN AUFERLEGEN, DIE ES BRAUCHT, UM IHRE ARMEEN MIT DIESEN WAFFEN AUSZUSTATTEN, OHNE DIE ES BALD NICHT MEHR MÖGLICH IST, KRIEG ZU FÜHREN.

UM DAS DEBAKEL VON MARIGNANO WIEDER GUT ZU MACHEN, HEBEN *ZÜRICH, SCHWYZ, URI, BASEL* UND *SCHAFFHAUSEN* EINE ARMEE VON *15 000* MANN AUS, DIE DEN KAMPF UM DIE LOMBARDEI FORTSETZEN SOLL. DIE ANDERN ACHT ORTE HINGEGEN STELLEN FRANKREICH *8000* MANN ZUR VERFÜGUNG.

UM GOTTES WILLEN! MISCHEN WIR UNS DOCH NICHT MEHR IN DIE ANGELEGENHEITEN DER FÜRSTEN EIN!

DENKT AN DIE RATSCHLÄGE VON NIKLAUS VON DER FLÜE!

FRANZ I. WILL FRIEDEN SCHLIESSEN. GEBEN WIR UNSER EINVERSTÄNDNIS!

NACH EINIGEM ZÖGERN WIRD SCHLIESSLICH IM JAHRE IN *FREIBURG* DER "EWIGE FRIEDEN" UNTERZEICHNET. DAMIT GEHT DIE SOGENANNTE "HEROISCHE EPOCHE" DER EIDGENOSSENSCHAFT ZU ENDE.

IM JAHRE *1521* WIRD DIE EWIGE ALLIANZ MIT FRANKREICH MIT EINEM SCHUTZBÜNDNIS BESTÄTIGT, DAS *271* JAHRE DAUERN WIRD. DIE ALLIANZ ANERKENNT DIE SÜDLICHEN GRENZEN DER SCHWEIZ, GEWÄHRT PENSIONEN UND BESTÄTIGT ODER ERNEUERT EINE REIHE VON HANDELSPOLITISCHEN PRIVILEGIEN. DAFÜR MUSS DIE EIDGENOSSENSCHAFT FRANKREICH STÄNDIG MINDESTENS *6000* SOLDATEN ZUR VERFÜGUNG STELLEN. ES BEGINNT EINE NEUE ZEIT DES SOLDDIENSTES.

SCHINER IST FUCHSTEUFELSWILD!

DAS IST BEGREIFLICH! FRANKREICH WAR FÜR IHN SCHON IMMER DER FEIND DER HEILIGEN KIRCHE.

ZÜRICH IST AUCH NICHT EINVERSTANDEN. EIN GEWISSER *HULDRYCH ZWINGLI,** EIN GEISTLICHER, HAT ÖFFENTLICH DAGEGEN PROTESTIERT.

DABEI IST ER NICHT EINMAL MEHR SCHINERS FREUND, UND SCHON GAR NICHT DER KATHOLISCHEN KIRCHE.

*DER GLARNER FELDGEISTLICHE WAR MIT KARDINAL SCHINER IN MARIGNANO.

NEIN, ABER ER IST EMPÖRT, DASS MENSCHEN GEGEN GELD GEHANDELT WERDEN. HÖR NUR, WIE SIE AN DER TAGSATZUNG STREITEN.

WER HAT DIE *700 000* KRONEN VON FRANZ I. EINGESTECKT?

... UND DIE *200 000* KRONEN FÜR DIJON* ?

3000 FRANKEN PRO ORT? DAS IST LÄCHERLICH!

WO SIND DENN DIE *40000* DUKATEN VON MAXIMILIAN SFORZA?

... UND DAS GOLD DES HEILIGEN VATERS?

VERDAMMT! UNSERE RECHNUNGEN GEHEN NIE AUF!

*SIEHE S. 20.

29

ZU DIESEM ZEITPUNKT HERRSCHT ABER NICHT NUR AN DER TAGSATZUNG VERWIRRUNG, SONDERN IN GANZ EUROPA.

ZWINGLI LEHNT SICH GEGEN FRANKREICH, GEGEN DEN SOLDDIENST, GEGEN DIE KORRUPTION UND GE- GEN DIE KIRCHE IN ROM AUF.

IN DEUTSCHLAND STELLT MARTIN LUTHER DIE AUTORITÄT DER RÖMISCHEN KIRCHE IN FRAGE.

GENAUSO WIE VOR 100 JAHREN DER BÖHMISCHE PRIESTER JOHANNES HUS! ER ENDETE AUF DEM SCHEITERHAUFEN!

DIE HEIMKEHR DES SOLDATEN, NACH URS GRAF.

ABER DIE ZEITEN HABEN SICH GEÄNDERT. DIE RÖMISCHE KIRCHE HAT IHRE GEI- STIGE VORHERRSCHAFT EINGEBÜSST. SIE ANZUGREIFEN FÜHRT NICHT MEHR UN- BEDINGT ZUM TOD AUF DEM SCHEITERHAUFEN. MIT DER ALLGEMEINEN VERBREI- TUNG DES WISSENS BEGINNT EINE NEUE EPOCHE: DIE **NEUZEIT**.

DANK IHNEN, MEISTER BUCHDRUCKER IST ALLES ANDERS GEWORDEN!

ABER NEIN, ICH TU JA NUR, WAS **GUTENBERG** VOR 70 JAHREN LEHRTE.

GUTENBERG, DER VATER DER BUCHDRUCK- KUNST?

NICHT GANZ, DENN GEDRUCKT WURDE SCHON SEIT LANGEM.* ER HAT ABER DIE BEWEGLICHEN BUCHSTABEN ERFUNDEN...

*SCHRIFT UND ZEICHNUNGEN WURDEN VON HAND AUF HOLZ, STEIN ODER METALL GESTOCHEN ODER EINGEHAUEN.

...MIT DENEN VERSCHIEDENE WÖRTER GESETZT WERDEN KÖNNEN.

IST DER DRUCK BEENDET,

...SO KÖNNEN DIESELBEN BUCHSTABEN FÜR EINEN ANDEREN TEXT VERWENDET WERDEN.

UND SO WIRD GEDRUCKTES BILLI- GER, UND DAS WISSEN BLEIBT NICHT MEHR NUR DEN REICHEN VORBEHALTEN.

DIE DISKUSSIONEN WERDEN IMMER HEFTIGER. IM JAHRE 1523, IN EINER ÖFFENTLICHEN DISPUTATION, ÜBERZEUGT ZWINGLI SEINE GANZE ZUHÖRERSCHAFT...

... DAS FASTEN, DAS PRIESTERZÖLIBAT, DER ABLASS, DIE HEILIGEN-VEREHRUNG, DIE PILGERZÜGE, DIE KLÖSTER... ALLES, WAS NICHT IN DER BIBEL STEHT, MUSS ABGESCHAFFT WERDEN!

DIE ÖFFENTLICHEN DEBATTEN WERDEN STETS HITZIGER, DIE GEGENSÄTZE IMMER GRÖSSER. DER RELIGIÖSE EIFER ARTET IN BELEIDIGUNGEN, DROHUNGEN, GEWALTTATEN UND FANATISMUS AUS...

DIE EIDGENOSSENSCHAFT SPALTET SICH IN ZWEI LAGER AUF; AUF DER EINEN SEITE DAS CHRISTLICHE BURGRECHT MIT ZÜRICH, BERN, BASEL, BIEL, ST. GALLEN UND SCHAFFHAUSEN; AUF DER ANDERN SEITE DIE CHRISTLICHE VEREINIGUNG DER WALDSTÄTTE MIT ZUG, LUZERN UND... OESTERREICH. 1529 KOMMT ES BEI KAPPEL BEINAHE ZUM KRIEG...

DAS BRINGT UNGLÜCK UND ELEND ÜBER UNSER LAND!

ALLE WOLLEN RECHT HABEN.

DA KOMMT UNSEREINER NICHT DRAUS, ABER KÄMPFEN WERDEN WIR TROTZDEM!

HE, IHR DORT! DIE INNERSCHWEIZER HABEN EINEN KESSEL VOLLER MILCH GEBRACHT. SIE LADEN UNS EIN, WENN WIR DAS BROT BRINGEN.

PASST AUF, DASS IHR DIE GRENZE NICHT ÜBERSCHREITET!

ZUM TEUFEL MIT UN-SEREN ANFÜHRERN UND IHREN WORT-GEFECHTEN!

BLEIB, WO DU BIST! KOMM JA NICHT ZU UNS RÜBER!

NOCH IST DAS ZUSAMMENGEHÖRIGKEITSGEFÜHL DER SCHWEIZER GRÖSSER ALS IHRE STREITIGKEITEN. NACH VERHANDLUNGEN KOMMT ES ZUM ERSTEN KAPPE-LER LANDFRIEDEN; DER KRIEG FINDET VORERST NOCH NICHT STATT. ABER...

...DER FRIEDE IST VON KURZER DAUER.

ZWINGLI HAT ZÜRICH UND GLARUS DAZU GEBRACHT, DAS KLOSTER ST. GALLEN EINZUNEHMEN. DENEN WERDEN WIR ES ZEIGEN!

SIE HABEN KEIN RECHT, UNS ANZUGREIFEN, NUR WEIL WIR DIE REFORM PREDIGEN!

AM 9. OKTOBER 1531 KANN NICHTS MEHR DEN KRIEG AUFHALTEN.

LUNTENBÜCHSE, GEBAUT VON H. FÜSSLI (1447-1542).

ZWINGLI IST BEREIT, FÜR DEN NEUEN GLAUBEN EINZUSTEHEN UND ZU KÄMPFEN. ER STIRBT IN DER SCHLACHT BEI KAPPEL.

DER KRIEG IST NOCH NICHT ENTSCHIEDEN, ABER ZÜRICH UND SEINE VERBÜNDETEN GEBEN SICH SCHLIESSLICH GESCHLAGEN. DER ZWEITE LANDFRIEDE VERHINDERT EINE WEITERE AUSBREITUNG DER REFORMATION IN DER DEUTSCHEN SCHWEIZ.

HELM VON HULDRYCH ZWINGLI, LANDESMUSEUM, ZURICH.

IN SOLOTHURN GEHEN DIE STREITIGKEITEN ABER WEITER, BIS SCHULTHEISS NIKLAUS WENGI EINGREIFT...

ICH GEHÖRE DEMSELBEN GLAUBEN AN WIE IHR, ABER WENN BLUT FLIESSEN MUSS, SO SOLL ES MEINES SEIN!

STURMHAUBE MIT HALSSTÜCK, ALTES ZEUGHAUS, SOLOTHURN.

DARAUF EINIGEN SICH DIE BEIDEN PARTEIEN, IHREN RELIGIONS-ZWIST AUF FRIEDLICHERE WEISE BEIZULEGEN.

33

IM OSTEN WIRD DIE AUSBREITUNG DER REFORMATION ZWAR GEBREMST, IM WESTEN WIRD SIE DAFÜR UMSO MEHR VON BERN VORANGETRIEBEN UND UNTERSTÜTZT.

DIE BERNER, DIESE EIFRIGEN REFORMATOREN, HABEN DIE ZÜRCHER BEI KAPPEL SCHÖN IM STICH GELASSEN!

DAFÜR MISCHEN SIE SICH HIER IN GENF IN UNSERE ANGELEGENHEITEN EIN UND BEDROHEN DAS WAADTLAND!

SIEHST DU! HIER KÖNNEN FAREL, VIRET UND DER JUNGE CALVIN UNBEHINDERT DIE REFORMATION PREDIGEN.

JA... ABER CALVIN GEHT WIRKLICH ZU WEIT!

WILHELM FAREL

PIERRE VIRET

JOHANNES CALVIN

THEODORE BEZA

RELIGIÖSES KOLLOQUIUM IN GENF, 1549, NACH LABOUCHÈRE.

DESHALB HABEN IHN DIE LIBERTINER AUCH VERJAGT!

ER IST ABER 1541 TROTZDEM ZURÜCKGEKEHRT. EINFACH WAR ES NICHT, IHN DAZU ZU ÜBERREDEN. ER SAGTE ...

...LIEBER DEN TOD, ALS EIN SOLCHES KREUZ ZU TRAGEN WIE IN GENF!

IHM HABEN WIR DIE STRENGEN SITTEN ZU VERDANKEN!

JA, DIE PFLICHT, ALLE PREDIGTEN ZU HÖREN, DAS TANZVERBOT, GESCHLOSSENE WIRTSHÄUSER AM ABEND... UND STRENGE STRAFEN FÜR DIE, DIE DIESE VORSCHRIFTEN NICHT BEACHTEN!

ABER ES HAT AUCH GUTE SEITEN: ER ERLAUBT ZUM BEISPIEL VERZINSLICHE DARLEHEN, ER WILL, DASS DIE REICHEN DIE "DIENER" DER ARMEN SEIEN, ER WILL DIE JUNGEN LEUTE HERANBILDEN UND DAS GEWERBE FÖRDERN *

SEIT DEM APOSTEL PETRUS HABEN DIE KATHOLIKEN IHRE HEILIGE STADT, ROM. UNSERE STADT GENF NIMMT JETZT DIESE STELLUNG BEI DEN PROTESTANTEN EIN.

UNSERE TORE STEHEN JETZT AUCH ALL DENEN OFFEN, DIE VOR DER TYRANNEI FLÜCHTEN. DA KOMMEN INTERESSANTE LEUTE ZUSAMMEN, DIE UNS MIT IHREN KENNTNISSEN BEREICHERN *.

34

*BIS ZUR REFORMATION WURDE NICHT MEHR ALS 150 TAGE IM JAHR GEARBEITET. AN DEN RESTLICHEN 200 TAGEN WURDEN KIRCHENFESTE GEFEIERT.

* WEHE ABER DENEN, DIE DIE DOKTRIN DER REFORMIERTEN KIRCHE IN FRAGE STELLEN : SO WIRD MICHEL SERVET, EIN SPANISCHER ARZT IM JAHRE 1553 ALS KETZER LEBENDIGEN LEIBES IN GENF VERBRANNT.

DIE IN DEUTSCHLAND ENTSTANDENE REFORMATION GREIFT JETZT AUCH AUF ANDERE EUROPÄISCHE LÄNDER ÜBER.

UNSERE HEILIGE KIRCHE WILL DIESE SACHE IN DIE HAND NEHMEN. DAS CHRISTLICHE DOGMA SOLL NEU AUSGEARBEITET WERDEN.

JA UND ZU DIESEM ZWECK WIRD ES AUCH EIN KONZIL* GEBEN.

ALLE GLÄUBIGEN WERDEN DORT VERTRETEN SEIN, AUCH DIE KATHOLISCHEN ORTE UND DER MÄCHTIGE JESUITENORDEN.

KREUZABNAHME AUS DER WERKSTATT

L' VON H. GEILER, FREIBURG.

* KONZIL VON TRENT, IM SÜDTIROL, VON 1545 BIS 1563.

CARLO BORROMEO, ERZBISCHOF VON MAILAND UND EIN HEFTIGER GEGNER DER REFORMATION, IST RATLOS...

DIE KATHOLISCHEN ORTE SOLLTEN DOCH DEN REFORMIERTEN GLAUBEN AUF IHREM GEBIET VERBIETEN. WARUM TUN SIE ES NICHT?

DER "GOLDENE BUND" VON 1586 VERTIEFT DEN GRABEN ZWISCHEN DEN KATHOLISCHEN UND DEN REFORMIERTEN ORTEN. ER IST EINE VERBINDUNG DER 7 KATHOLISCHEN ORTE UNTEREINANDER: DIE WALDSTÄTTE, LUZERN, ZUG, FREIBURG UND SOLOTHURN, GEGEN DIE REFORMIERTEN KANTONE ZÜRICH, BERN, BASEL UND SCHAFFHAUSEN. VIELE GLÄUBIGE WANDERN AUS.

DAS KONZIL HAT STRENGERE REGELN FÜR DEN KATHOLISCHEN KLERUS FESTGELEGT, BESTEHT ABER AUF DER UNFEHLBARKEIT DES PAPSTES.

DER KALENDAR WURDE AUCH GEÄNDERT. JETZT IST DIE VERWIRRUNG MIT DEN TAGEN UND DATEN NOCH GRÖSSER ALS ZUVOR!*

SCHLIMMER IST JA NOCH, DASS DER GOLDENE BUND SOWOHL APPENZELL ALS AUCH GLARUS INNERLICH ZERSPALTET.

*DIE REFORMIERTEN WERDEN DEN GREGORIANISCHEN KALENDER ERST EIN JAHRHUNDERT SPÄTER ANNEHMEN.

FÜR 30 000 TALER HAT DAS KATHOLISCHE HAUS SAVOYEN DAS WAADTLAND DEN BERNERN ÜBERLASSEN. IM JAHRE 1602 IN EINER KALTEN DEZEMBERNACHT, VERSUCHT DER HERZOG VON SAVOYEN GENF IN SEINE GEWALT ZU BRINGEN...

MORGEN WERDEN DIE GENFER ALS SAVOYER ERWACHEN! HA! HA! HA!

ALARM! ALARM!

DIESER NÄCHTLICHE UEBERFALL, DIE "ESCALADE", WURDE WIE DURCH EIN WUNDER ZURÜCKGESCHLAGEN... SEITHER ERINNERT SICH GENF JEDES JAHR FEIERLICH AN DIESE ERFOLGREICHE ABWEHR. IM JAHRE 1603 WIRD ZU SAINT-JULIEN ENDLICH EIN FRIEDE ZWISCHEN SAVOYEN UND GENF UNTERZEICHNET.

DER WESTFÄLISCHE FRIEDENSSCHLUSS IST VON GROSSER BEDEUTUNG: DIE UNAB-
HÄNGIGKEIT DER SCHWEIZ VOM REICH WIRD ANERKANNT.

RUDOLF WETTSTEIN, UNSER BÜRGERMEISTER, HAT SICH SEHR ERFOLG-REICH FÜR DIE SACHE DER EIDGENOSSEN-SCHAFT EINGE-SETZT.

ER HAT ES SO-GAR FERTIGGE-BRACHT, DASS UN-SERE NEUTRALITÄT ANERKANNT WIRD!

ES WAR WIRKLICH NICHT LEICHT, WÄHREND DIESEN DREISSIG KRIEGSJAHREN FÜR NIEMANDEN PARTEI ZU ERGREIFEN!

DIE FLÜCHTLINGE HA-BEN VIEL GELD IN UNSER LAND GE-BRACHT.

JOHANN RUDOLF WETTSTEIN,
1594 – 1666,
NACH SAMUEL HOFMANN,
KUNSTMUSEUM, BASEL.

AUCH DIE ENTWICKLUNG DES HANDELS MIT FRANKREICH UND ITALIEN BRINGT VIEL GELD EIN, ABER REICH DAVON WERDEN NUR DIE STÄDTE...

...UND DIE UNGLEICHHEIT ZWISCHEN UNS BAUERN UND DEN BÜRGERN WIRD IMMER GRÖSSER. VOR-BEI DIE ZEIT, DA...

...MAN GEGEN GELD ZUM STADTBÜRGER WIRD. WIR SIND SOGAR SCHON WIEDER SOWEIT, DASS MAN UNS VERBIETET, UNSERE WAREN IN DER STADT ZU VERKAUFEN!

WAS GELD EINBRINGT, BEHAL-TEN DIE STÄDTER SICH SELBER VOR!

FÜR UNS BAUERN IST DAS LEBEN EIN-FACH ZU TEUER!

1653 IM ENTLEBUCH...

WIR HABEN KEINEN RAPPEN MEHR!

BEZAHLT EURE STEUERN, IHR BAUERN! SO WILL ES DAS GESETZ. UND WEHE DEM, DER ES NICHT BEFOLGT!

37

ALLERORTS VERSAMMELN SICH DIE BAUERN IN LANDSGEMEINDEN.

GLAUBT BLOSS DEN BERNERN UND DEN STÄDTERN MIT IHREN LEEREN VERSPRECHUNGEN NICHT! DIE WOLLEN UNS BLOSS ÜBERS OHR HAUEN!

RECHT HAT ER DIESER **CHRISTIAN SCHIBI**! WAS ZÄHLT, IST EINZIG GEWALT!

TATSÄCHLICH SOLLEN DIESE VERSPRECHUNGEN VON DEN VORBEREITUNGEN ABLENKEN, DIE GETROFFEN WERDEN, UM AUFSTÄNDE ZU UNTERDRÜCKEN.

EIN GLÜCK LÄSST SICH **NIKLAUS LEUENBERGER**, UNSER BAUERNKÖNIG, NICHTS VORMACHEN!

SO, IHR NEUNMALKLUGEN BERNER, GEBT UNS, WAS WIR VERLANGEN!

WIR WERDEN UNS WOHL EINIGEN!

WENIGER STEUERN UND JEDEM DAS RECHT, EIN SCHWERT ZU TRAGEN, VERSPROCHEN!

RADSCHLOSSPISTOLE, GEBAUT VON FELIX WERDER. ALTES ZEUGHAUS, SOLOTHURN.

DAMIT SOLLTE ABER NUR ZEIT GEWONNEN WERDEN..!

DENKT DARAN, DASS DIESE BAUERN TROTZ IHRER RELIGIÖSEN ZWISTE ZUR EINHEIT GEFUNDEN HABEN!

RICHTIG! UND DAS WILL VIEL HEISSEN!

GENERAL **WERDMÜLLER** MUSS DIE ORDNUNG WIEDER HERSTELLEN!

ZINNKANNE, 17. JH. HIST. MUSEUM, BERN.

DER AUFSTAND WIRD BLUTIG UNTERDRÜCKT. SCHIBI, LEUENBERGER UND ZAHLREICHE ANDERE WERDEN GEFOLTERT UND HINGERICHTET. TROTZ EINIGER EINBUSSEN WIRD DER ADEL IN DEN STÄDTEN SEINE MACHT NOCH ANDERTHALB JAHRHUNDERTE LANG HALTEN UND SOGAR VERGRÖSSERN KÖNNEN.

NACH DIESEN TRAGISCHEN EREIGNISSEN MACHT BÜRGERMEISTER **WASER** VON **ZÜRICH** EINEN VORSCHLAG...

IM ENTLEBUCH HABEN SICH KATHOLISCHE UND PROTESTANTISCHE BAUERN IM KAMPF GEGEN DAS KATHOLISCHE LUZERN VEREINIGT, WELCHEM WIEDERUM WIR ZÜRCHER, OBWOHL PROTESTANTISCH, ZU HILFE GEEILT SIND. DAS BEWEIST, DASS RELIGIÖSE SCHRANKEN ÜBERWUNDEN WERDEN KÖNNEN. WIR MÜSSEN UNS VERSÖHNEN.

ABER DIE KATHOLISCHE KIRCHE IN ROM HAT DAFÜR KEIN GEHÖR UND DIE KATHOLISCHEN ORTE ERNEUERN **1655** DEN GOLDENEN BUND.

DER STREIT ENTFLAMMT AUFS NEUE.

IHR **SCHWYZER** HABT EINE GANZE FAMILIE GEFOLTERT, HABT IHR HAB UND GUT WEGGENOMMEN... UND ALLES NUR, WEIL SIE PROTESTANTEN WAREN!

DIE VEREINBARUNGEN MÜSSEN EINGEHALTEN WERDEN! WAS HABEN REFORMIERTE BEI UNS ZU SUCHEN? UND **ZÜRICH** SOLL UNS ZUERST EINMAL DIE VON UNS GEFORDERTEN TÄUFER AUSLIEFERN!

ZÜRICH ERKLÄRT **SCHWYZ** DEN KRIEG...

SEIT FÜNF WOCHEN BELAGERN WIR NUN **RAPPERSWIL**... UND NICHTS GESCHIEHT!

VIELLEICHT IST UNSER GENERAL WERDMÜLLER DOCH NICHT SO VIEL WERT!*

*EIN VOLKSLIED AUS JENER ZEIT NENNT IHN DEN "UNWERTEN MÜLLER".

ALS VERBÜNDETE VON ZÜRICH STOSSEN 8000 BERNER IN DEN AARGAU VOR. IN VILLMERGEN LASSEN SIE SICH VON DEN KATHOLIKEN ÜBERRUMPELN.

DIE PROTESTANTEN WERDEN GESCHLAGEN; SIE VERLIEREN 600 MANN, DIE FAHNEN, ALLE KANONEN UND... DIE KRIEGSKASSE.

AM 7. MÄRZ 1956 KEHRT DIE RUHE WIEDER EIN.

HIER STEHT GESCHRIEBEN, DASS FORTAN JEDER DER ORTE AUF SEINEM GEBIET DIE UNEINGESCHRÄNKTE STAATSGEWALT HAT.

EIN FRIEDEN DER AUF TRENNUNG UND ZERSPLITTERUNG BERUHT... DARAN KANN ICH NICHT GLAUBEN...

IN DIESEN INNEREN FRIEDENSSCHLUSS MISCHT SICH FRANKREICH AUF GEWOHNTE WEISE EIN.

WIR ERACHTEN ES ALS UNSERE PFLICHT, DIE FRANZÖSISCHE KRONE ÜBER GANZ EUROPA ERSTRAHLEN ZU LASSEN. AUSSERDEM WOLLEN WIR UNSERE ALTE FREUNDSCHAFT WIEDER AUFFRISCHEN UND BESTÄTIGEN. EURE TRUPPEN...

...WERDEN DABEI ZWEIFELLOS IHR KÖNNEN UNTER BEWEIS STELLEN. NATÜRLICH, ERLAUCHTESTE EXZELLENZEN, WERDEN WIR DIESE DIENSTE ANGEMESSEN BELOHNEN.

WENN SIE NUR ÜBER DER SCHWEIZ NICHT ALLZU HELL ERSTRAHLT!

ES IST EIN WAGNIS... ABER ES BRINGT AUCH VORTEILE: DER HANDEL MIT SALZ UND KORN WIRD BEGÜNSTIGT. UND ZUDEM KÖNNEN DIE ARMEN BAUERN, DIE JEDERZEIT KRIEGSDIENSTE ZU LEISTEN BEREIT SIND, DIES TUN, GANZ LEGAL UND VOR ALLEM... AUSSER LANDES!

1663 WIRD FEIERLICH EIN ALLIANZVERTRAG UNTERZEICHNET. VON NUN AN KÖNNEN DIE EIDGENOSSEN LUDWIG XIV., DEM SONNENKÖNIG, IN ALL DEN KRIEGEN DIENEN, DIE ER GEGEN BEINAHE JEDEN SEINER NACHBARSTAATEN FÜHREN WIRD.

NACH EINEM GOBELIN IM LANDESMUSEUM, ZÜRICH.

DER SONNENKÖNIG, DEM MAN DEN AUSSPRUCH "DER STAAT BIN ICH" ZUSCHREIBT, IST UM DIE EINHEIT SEINES REICHES BESORGT UND DULDET KEINE REFORMIERTEN IN FRANKREICH. 1685 WIDERRUFT ER DAS EDIKT VON NANTES.

DIE PROTESTANTEN FLIEHEN AUS FRANKREICH!

SIE WERDEN AUF GRAUSAME WEISE VERFOLGT.

BERN WILL SEINE OFFIZIERE NICHT MEHR UNTER DEM KÖNIG DIENEN SEHEN.

ABER DIE KATHOLISCHEN ORTE BLEIBEN IHM TREU!

DIE ZÜRCHER SCHICKEN DEN PROTESTANTISCHEN STAATEN, DIE VON LUDWIG XIV. ANGEGRIFFEN WORDEN SIND, SOLDATEN ZU HILFE.

ES IST WIEDER EINMAL SO WEIT! FRANKREICH SÄT ZWIETRACHT IN UNSEREM LAND.**

*DAS EDIKT VON NANTES WURDE VON HEINRICH IV. 1598 ZUM SCHUTZE DER REFORMIERTEN HUGENOTTEN, ZUMEIST HANDWERKER, ERLASSEN. NACH DER REVOKATION DES EDIKTS FLÜCHTEN ETWA 60000 DIESER HUGENOTTEN, ZUMEIST HANDWERKER, IN DIE PROTESTANTISCHEN KANTONE UND FÖRDERN DEREN INDUSTRIELLE ENTWICKLUNG.

UHR VON J.H. BACHOFEN, LANDESMUSEUM, ZÜRICH.

**IN WIRKLICHKEIT GAB DAS FRANZÖSISCH-SCHWEIZERISCHE BÜNDNIS DEN FRANZÖSISCHEN AMBASSADOREN WIEDERHOLT DIE MÖGLICHKEIT, SICH IN DIE POLITIK EINZELNER KANTONE EINZUMISCHEN UND SO EINEN ENDGÜLTIGEN BRUCH ZWISCHEN DEN KATHOLIKEN UND DEN REFORMIERTEN ZU VERHINDERN.

DIE SCHWEIZER HATTEN NICHT NUR FRANKREICH TRUPPEN ZUR VERFÜGUNG GESTELLT, SONDERN AUCH SPANIEN. ALS SICH DIESE BEIDEN LÄNDER NUN 1709 IN MALPAQUET GEGENÜBER STEHEN...

MEIN GOTT! SCHWEIZER GEGEN SCHWEIZER!

NOCH IMMER ERREGEN DIE RELIGIÖSEN GEGENSÄTZE DIE GEMÜTER...

WIR TOGGENBURGER SIND MEHRHEITLICH PROTESTANTEN. WIR ARBEITEN NICHT FÜR DEN NEUEN ABT VON ST. GALLEN! SCHON GAR NICHT UMSONST!

UND AN STRASSEN, DIE DEN KATHOLIKEN DIENEN? KOMMT NICHT IN FRAGE!

WIR LASSEN UNS NICHT FÜR DUMM VERKAUFEN!

WENDER, GEBAUT VON JAKOB ERHARDT, BASEL, ENDE DES XVII. JH.

UND 1712... WIR HABEN DIE KATHOLISCHEN HOCHBURGEN EINGENOMMEN. DIE ZÜRCHER UND BERNER UNTERSTÜTZEN UNS!

JETZT HABEN DIE SCHWYZER UND LUZERNER NICHT MEHR DIE OBERHAND!

...AM 25. JULI IN VILLMERGEN, WIE VOR 56 JAHREN...

...KOMMT ES ZUM ZUSAMMENSTOSS. ABER DIESMAL IST DER SIEG AUF DER ANDEREN SEITE... UND DER URISTIER VERSCHWINDET. DAMIT GEHT DIE KATHOLISCHE VORHERRSCHAFT IN DER SCHWEIZ ZU ENDE.

BRONZEKANONE, ENDE XVII. JH. ERBAUER JOHANN FÜSSLI, ZÜRICH.

ENDLICH IST IN DIESEM KRIEG EINE WENDUNG EINGETRETEN.

DIE NEUEN SCHIEDSGERICHTE WERDEN DEN GLAUBENSSTREITIGKEITEN EIN ENDE SETZEN. JETZT SIEHT DIE ZUKUNFT BESSER AUS.

ABER NEUE UNEINIGKEITEN BAHNEN SICH AN. SIE SIND NICHT MEHR RELIGIÖSER NATUR UND NICHT GERICHTLICH BEIZULEGEN.

WELCH EIN GLÜCK, MEIN LIEBER, DASS SICH DER RELIGIÖSE FANATISMUS GELEGT HAT!

JA, NUR HABEN JETZT DIE LAND- UND UNTERTANENGEBIETE EINEN NEUEN ZANKAPFEL GEFUNDEN: SIE STELLEN JETZT UNSERE RECHTE IN FRAGE.

TATSÄCHLICH...

DAS FORTBESTEHEN DER FEUDALHERRSCHAFT...

ES SIND IMMER DIE GLEICHEN FAMILIEN, DIE DAS SAGEN HABEN!

MIT IHREM GELD REISSEN SIE ALLE EINTRÄGLICHEN AEMTER AN SICH.

DAS AMT DES LANDVOGTS, ZUM BEISPIEL, IST UNERSCHWINGLICH TEUER, ABER ES BRINGT VIEL EIN!

ANDRERSEITS IST REGIEREN NICHT EINFACH; VIELLEICHT SIND DIESE VORRECHTE DOCH BERECHTIGT, ODER?

WÄHREND SEINER ZWEIJÄHRIGEN, IM PRINZIP NICHT ENTLÖHNTEN AMTSZEIT IST DER LANDVOGT PRAKTISCH HERR ÜBER SEIN GEBIET, WOBEI DIESER SICH OFT DURCH WILLKÜRLICHE STEUERN, ZEHENT, SALZSTEUER U.S.W. ÜBERMÄSSIG BEREICHERT.

EINGANG ZUM SCHLOSS DES LANDVOGTES IN AVENCHES.

...WIRD IMMER MEHR IN FRAGE GESTELLT.

DER KIRCHGANG IST PFLICHT, DAFÜR WACHT DER KLERUS ÜBER UNSERE SEELEN, ERZIEHT UNSERE KINDER, ÜBT SICH IN WOHLTÄTIGKEIT UND ÜBERMITTELT UNS DIE BEFEHLE DER REGIERUNG.

... UND DAS MAG ZUM ANSPRUCH AUF DEN ZEHNTEN UND AUF WEITERE PRIVILEGIEN BERECHTIGEN, ODER NICHT?

....UND WENN WIR IN FREMDE DIENSTE GEHEN, WERDEN WIR NICHT EINMAL MEHR REGELMÄSSIG BEZAHLT!

WIR HABEN KEINE WAHL! VON IRGENDETWAS MÜSSEN WIR LEBEN!

KLEINE REPETIERKANONE AUS DER I. HÄLFTE DES XVIII. JH. J. WAELTEN, SAANEN.

OB BAUER ODER BÜRGER, WIR HABEN NICHTS MEHR ZU SAGEN.

WIR HABEN NUR DAS RECHT, JENEN DIE VORRECHTE ZU ERHALTEN, DIE SIE HABEN, NICHT WAHR?

SCHLOSS DER LANDVÖGTE, SAINT-MAURICE.

DIE ZWEIFEL WEITEN SICH ZU OFFENEM PROTEST UND REVOLTEN AUS. IN **GENF** WIRD **1708** DER "AUFRÜHRER" **PIERRE FATIO** ERSCHOSSEN.

IM **WAADTLAND** IST ES **MAJOR DAVEL**...

ES GEHT MIR NICHT UM DIE RECHTMÄSSIGKEIT DER PRIVILEGIEN AN SICH, SONDERN DARUM, DASS SIE DEN BERNISCHEN UNTERTANEN VORENTHALTEN WERDEN.

...DER DEN AUFSTAND VERSUCHT. ER WIRD **1723** ENTHAUPTET.

IM **BISTUM BASEL PIERRE PÉQUIGNAT**...

DIE WACHSENDE UNTERDRÜCKUNG DURCH UNSEREN BISCHOF WIRD MIR UNERTRÄGLICH!

DURCH DIESEN WIDERSTAND AUFGESCHRECKT, KAUFT SICH DER BISCHOF **J.S. VON REINACH** DEN BEISTAND DER FRANZOSEN FÜR **230000** KRONEN UND UNTERDRÜCKT DIE REVOLTE IM KEIM. PÉQUIGNAT WIRD **1740** ENTHAUPTET.

IN **BERN SAMUEL HENZI**...

PRIVILEGIEN, MEINETWEGEN, ABER NICHT IMMER FÜR DIE SELBEN!

ER WIRD **1749** VON DEN EMPÖRTEN BERNERN HINGERICHTET.

41

DIE UNRUHEN GREIFEN AUCH AUF DIE VOG-TEIEN ÜBER. 1775 IN FAIDO, HAUPTORT DER LEVENTINA...

SIND WIR EUCH NICHT MEHR FREUND ODER BRUDER, DASS IHR UNS SO IN UNSEREN FREI-HEITEN BESCHNEI-DET?

DIE EIDGENÖSSISCHEN TRUPPEN GREIFEN EIN. DREI ANFÜHRER WERDEN HINGERICHTET: FORNI, SARTORIO UND ORSI.

IN NEUENBURG ÄUSSERT SICH DER RECHTSANWALT GAUDOT GANZ ANDERS.

ICH ERACHTE ES ALS RICH-TIG, DASS DIE RECHTE DER BÜRGER EINGESCHRÄNKT WERDEN.

1763 WIRD ER ERMORDET.

IN FREIBURG KOMMT 1781 PIERRE-NICOLAS CHENAUX, DER ANFÜHRER EINES RASCH UN-TERDRÜCKTEN AUFSTANDES, UMS LEBEN.

ALLES, WAS DIE ÖFFENTLICHE ORDNUNG IR-GENDWIE STÖREN KÖNNTE, WIRD VERBOTEN.

VERFLUCHTE PHILOSOPHEN! EURE SCHRIFTEN STIF-TEN NICHTS ALS UNRUHE!

DIDEROT - J. J. ROUSSEAU

JEDENFALLS KANN MAN DIE PRÄDESTINATIONSLEHRE DER CALVINISTEN, WONACH CHRISTUS SICH NUR FÜR EIN PAAR VON ANFANG AN VON GOTT AUSERWÄHLTEN GEOPFERT HABE, AUF GANZ UNTERSCHIEDLICHE WEISE AUSLEGEN...

MEINST DU, DIESE LEHRE SEI AUCH AUF DIE RECHTMÄSSIGKEIT DER VORRECHTE GEMÜNZT?

DA BIN ICH ÜBERFRAGT.

NEIN, NEIN, UND WIEDER NEIN! ALLE MENSCHEN SIND GLEICH! KEINER HAT MEHR RECHTE ALS DER ANDERE. HÖRT NICHT AUF DIESE BETRÜGER!

JEAN-JACQUES ROUSSEAU IST EIN AUFRECHTER MANN, ABER WAS ER HIER ER-ZÄHLT..!

J.-J. ROUSSEAU (1712 - 1778).

VOLTAIRE (1694 - 1778).

LANGSAM GREIFT DER MEINUNGSSTREIT ÜBER DIE PRIVILEGIEN UM SICH UND LÖST EINE ALLGEMEINE UNRUHE AUS, DIE NOCH VIEL MEHR IN GÄRUNG BRINGT ALS DIE DISPUTATIONEN ÜBER DIE AUSLEGUNG DER SCHRIFTEN ZUR ZEIT DER REFORMATION. IN GENF, 1782...

ICH KOMME NICHT MEHR MIT! JETZT WIRD DIE LEHRE CALVINS IN DES-SEN EIGENER STADT IN FRAGE GESTELLT?

DIE "NATIFS"* WIDER-SETZEN SICH, UND ES KOMMT SOGAR ZUM BLUTVER-GIESSEN!

SOGAR GEGEN DAS WORT GOTTES LEHNT MAN SICH AUF!**

WIR HABEN KEINE ANDERE WAHL. WIR MÜSSEN DEN AUF-STAND MIT GEWALT UNTERDRÜCKEN...

...BIS WIR HILFE AUS BERN ERHALTEN...

...UND VOM FRANZÖSISCHEN KÖNIG...

...UND AUS SARDINIEN.*

FRANZÖSISCHE, SARDISCHE UND BERNISCHE TRUPPEN STELLEN IN GENF DIE ORDNUNG WIEDER HER, UND DIE RE-GIERUNG BESCHLIESST ZAHLREICHE VERBANNUNGEN.

* "EWIGE EINWOHNER" -BÜRGER OHNE POLITISCHE RECHTE.
** DIES IST DIE ERSTE REVOLUTION GEGEN DIE GESELL-SCHAFTSORDNUNG NACH JENER IN NORDAMERIKA.

* DER GENFER VORORT CAROUGE WAR IM BESITZ DER SARDINIER.

FREIHEIT... GLEICHHEIT... BRUEDERLICHKEIT... SIND DIE ZÜNDENDEN LEITGEDANKEN IN FRANKREICH, DIE AUCH VIELE GENFER EMIGRANTEN ZU UNTERSCHREIBEN BEREIT SIND. NECKER, DER WEISE UND UMSICHTIGE GENFER BANKIER WIRD, OHNE DASS ER ES WILL, ZUM FUNKEN IM PULVERFASS...

LUDWIG XVI. HAT DEM ADEL NACHGEGEBEN; ER ENTLÄSST NECKER, AUSGERECHNET IHN!

DAS HEISST, WIR KÖNNEN DIE VERSPROCHENEN REFORMEN VERGESSEN. DAS LASSEN WIR UNS NICHT BIETEN!

LOS, AUF ZUR BASTILLE, DEM SYMBOL DER TYRANNEI!

JACQUES NECKER, GEB. 1723 IN GENF, KÖNIGLICHER SCHATZMEISTER.

DIE BASTILLE, DAS STAATSGEFÄNGNIS, WIRD VON 82 INVALIDEN KRIEGSVETERANEN BEWACHT... UND VON 32 SCHWEIZER SOLDATEN.

WAS WILL DIE WILDE MEUTE?

DIE OPFER DER UNGERECHTIGKEIT BEFREIEN, SAGEN SIE.

ABER DIE EINZIGEN GEFANGENEN SIND DOCH VIER FÄLSCHER UND ZWEI VERRÜCKTE!*

*EINER VON IHNEN IST DER MARQUIS DE SADE.

TOD DEN TYRANNEN!

DER GRÖSSTE TEIL DER WACHEN, DARUNTER 21 SCHWEIZER, FINDEN DEN TOD. DIE ANGREIFER VERLIEREN 108 LEUTE. DIE BASTILLE WIRD EINGENOMMEN. ES IST DER 14. JULI 1789.

1789 WIRD DIE ABSCHAFFUNG ALLER PRIVILEGIEN PROKLAMIERT. MIT DER VERFASSUNG VON 1791 VERLIERT DIE MONARCHIE IHRE ABSOLUTE MACHT, UND AM 10. AUGUST 1792...

VERSCHWINDET, IHR SCHWEIZERHUNDE! WIR ÜBERNEHMEN DIE TUILERIEN! WO VERSTECKT SICH CAPET?*

EIN SCHWEIZER ERGIBT SICH NICHT!

*LUDWIG XVI.

WIR BLEIBEN IHM TREU BIS ZUM ENDE!

DA, EIN BE- FEHL DES KÖNIGS!

DER KÖNIG, DER SICH MIT SEINER FAMILIE IN DIE NATIONALVERSAMM- LUNG GEFLÜCHTET HAT, GIBT DEN SCHWEIZERN SCHRIFTLICH DEN BEFEHL, DIE WAFFEN NIEDERZULEGEN.

HELLEBARDE DER SCHWEIZER IM DIENSTE DER FRANZÖSISCHEN KÖNIGE. HIST. MUSEUM, BERN.

780 SCHWEIZERGARDISTEN WERDEN NIEDERGEMETZELT. LUDWIG XVI. ENDET AM 21. JA- NUAR 1793 UNTER DER GUILLOTINE.

LÖWENDENKMAL. ES WURDE 1821 ZUM GEDENKEN DER AM 10. AUGUST 1792 GEFALLENEN SCHWEIZERGARDISTEN IN LUZERN ERRICHTET.

FRANKREICH HAT DIE **REPUBLIK** AUSGERUFEN. DAS MOTTO DER REVO- LUTION "FREIHEIT, GLEICHHEIT, BRÜDERLICHKEIT" HEIZT IN DER SCHWEIZ DIE FORDERUNGEN NACH VOLKSRECHTEN AUFS NEUE AN. NACH **1798** WERDEN DIE VOGTEISCHLÖSSER ANGEGRIFFEN.

SCHLUSS MIT DEN UNGERECH- TIGKEITEN!

VERJAGEN WIR DIE VÖGTE!

DIE UNTERTANENGEBIETE UND DIE LANDSCHAFTEN POCHEN AUF GLEICHE RECHTE. MAN FEIERT DEN STURM AUF DIE BASTILLE.

SIE NENNEN UNSERE VOGTEISCHLÖSSER JETZT BASTIL- LEN! WIR MÜS- SEN AUFPASSEN!

DIE BASTILLE? ABER HIER ...

SIE WOLLEN UNS GLEICHSETZEN. MIT WEM, MIT WAS?

MIT SEINER REVOLUTION HAT DER PÖBEL FRANKREICH HERUNTER- GEBRACHT!

JA, DIESE PARASI- TEN VERGREIFEN SICH BEREITS AN FREMDEM GUT! DENKEN SIE NUR AN DAS BISTUM BASEL!

EIN GEWISSER **BUONAPARTE** FÜHRT DIESES HEER VON HABENICHTSEN AN. JETZT WOLLEN SIE IN ITALIEN EINFALLEN.

IN BERN WIE IN ANDEREN KANTONEN, WILL MAN ABWARTEN.

DIE REVOLUTION IST ZUM SCHEITERN VERURTEILT; SIE BRINGT ZUVIEL NOT UND ELEND MIT SICH.

MAG SEIN... ABER SIE HAT DIE GEISTER AUCH HIER BEI UNS VERGIFTET. DAS BESTE IM AUGENBLICK IST, DEM VOLK ZUGESTÄNDNISSE ZU MACHEN.

RICHTIG! HÄTTEN DIE BÜNDNER DIES GETAN, HÄTTEN SIE DAS VELTLIN NICHT VERLOREN.

ACH WAS, IHR SEID FEIGLINGE!

ABER MEIN LIEBER SCHULTHEISS*, WAS SOLLEN WIR DENN SONST TUN?

UNSEREM BRAUCHTUM UND UNSEREM STAND TREUBLEIBEN! UND TRUPPEN AUFBIETEN GEGEN DIESE REVOLUTIONÄRE MEUTE!

*NIKLAUS FRIEDRICH VON STEIGER.

WIEDER ANDERE SCHWEIZER, GEBILDETE BÜRGER, INTELLEKTUELLE UND HANDELSLEUTE, WOLLEN DIE ZEIT FÜR SICH ARBEITEN LASSEN.

DIE HERRSCHENDEN BEI UNS WOLLEN NICHT EINSEHEN, DASS IHRE ZEIT VORBEI IST...

...UND DASS DIE REVOLUTION MEHR ALS EINE FLÜCHTIGE ZEITERSCHEINUNG IST.

SIE HOFFEN, DEREN SCHEITERN MIT GEWALT ZU ERZWINGEN.

ABER WIR WERDEN ALLES DARAN SETZEN, DASS DIE REVOLUTION SIEGT UND ALLE PRIVILEGIEN ABGESCHAFFT WERDEN!

DIE ZEIT VERGEHT. IM WAADTLAND WERDEN DIE REPUBLIK LÉMAN UND DIE ABSCHAFFUNG ALLER PRIVILEGIEN PROKLAMIERT.

ZUM GLÜCK! DIE LANDVÖGTE VON BERN VERLASSEN UNSER LAND, ENDLICH!

UND DIE FRANZOSEN DIE UNS BEISTEHEN WOLLEN, DIE BRAUCHEN WIR NICHT!

AM 29. JANUAR 1798 IN LAUSANNE...

WIR DANKEN EUCH, GENERAL MÉNARD, FÜR DEN BRÜDERLICHEN BEISTAND VON FRANKREICH; ABER...

FÜR UNS IST DIE VERTEIDIGUNG DER FREIHEIT HEILIG. IHR KOMMT NATÜRLICH FÜR MEINE TRUPPEN AUF,... UND DANN ... BRAUCHE ICH NOCH 700 000 FRANKEN!

NUN... DAS IST ABER VIEL GELD!

NUR ALS DARLEHEN*, VERSTEHT SICH... UND SCHLIESSLICH, DIE FREIHEIT IST TEUER!

*200 000 FRANKEN WERDEN DEN FRANZOSEN AUSBEZAHLT; SIE WURDEN NIE ZURÜCKERSTATTET.

45

WIE GEHEN WIR VOR, GENERAL MÉNARD?

BUONAPARTE HAT BESTIMMT, DASS GENERAL BRUNE DEN WEG ÜBER FREIBURG EINSCHLAGEN SOLL. DORT KANN ER SICH MIT DER VON NORDEN KOMMENDEN ARMEE VON GENERAL SCHAUENBERG ZUSAMMENSCHLIESSEN.

IN AARAU FINDET EINE EIDGENÖSSISCHE TAGSATZUNG STATT... OHNE ERFOLG. BERN BEREITET SEINE ABWEHR VOR.

VERDAMMT! VON 80000 SOLDATEN SIND NUR 30000 UNSEREM RUF GEFOLGT!

SCHON WIEDER EIN ORT, DER UNS SEINE HILFE VERSAGT!

SIE MEINEN MIT DEM AUFSTELLEN VON FREIHEITSBÄUMEN AUF IHREN PLÄTZEN SEI ES GETAN!

MEINST DU, DIE FRANZOSEN ZIEHEN SICH ZURÜCK, WENN WIR IHRE REVOLUTIONÄREN IDEEN ANNEHMEN?

NIE UND NIMMER! DAS SIND ALLES VORWÄNDE. WAS SIE WOLLEN, SIND UNSERE ALPENPÄSSE UND DIE VERBINDUNG ZU BUONAPARTES TRUPPEN IN ITALIEN!

SIE GREIFEN ALLE FEINDLICH GESINNTEN LÄNDER AN. ES REICHT, DASS EIN LAND FLÜCHTIGE ROYALISTEN AUFNIMMT.

ABER ES GELINGT IHNEN, SIE ZU REPUBLIKEN ZU MACHEN... SEI ES MIT ARGUMENTEN ODER MIT GEWALT!

ANFANGS MÄRZ 1798 FINDEN UM BERN, BEI NEUENEGG, IM GRAUHOLZ UND BEI FRAUBRUNNEN GEFECHTE STATT.

WIR HABEN EINEN MONAT LANG ERFOLGLOS VERHANDELT... UND DIE FRANZOSEN KONNTEN VERSTÄRKUNG ORGANISIEREN...

...UND WIR SIND NOCH GESCHWÄCHTER ALS VORHER. WIR WISSEN KAUM MEHR EIN UND AUS!

DER FEHLSCHLAG IST UNVERMEIDLICH, UMSO MEHR, ALS AUCH DIE REGIERUNG ABGEDANKT HAT. NACH DER NIEDERLAGE GEHEN EINIGE WICHTIGE PATRIZIERFÜHRER INS EXIL.

AM NACHMITTAG DES **5. MÄRZ 1798** DRINGEN FRANZÖSISCHE TRUPPEN IN BERN EIN.

SEIT **5** JAHRHUNDERTEN HAT KEINE SIEGREICHE ARMEE MEHR UNSERE TORE DURCHSCHRITTEN. WELCHE SCHANDE!

DAS HABEN WIR NUN VON DEN "NEUEN IDEEN."

VIELLEICHT IST ES BESSER SO. SONST HÄTTEN UNSERE MEINUNGSVERSCHIEDENHEITEN NOCH ZUM BÜRGERKRIEG GEFÜHRT!

EINE DER VON DEN FRANZOSEN SO VIELGEPRIESENEN NEUERUNGEN IST IN TAT UND WAHRHEIT GAR NICHT SO NEU!

SIE BRINGEN UNS DIE BRÜDERLICHKEIT... UND NEHMEN UNS UNSER GELD!*

UND UNSER "BRÜDER- LICHES" GELD HILFT BUONAPARTE BEI SEI- NEM AEGYPTENFELD- ZUG!

SCHAUT HER! JETZT NEHMEN SIE AUCH UNSERE BÄREN NACH PA- RIS MIT!

COMISSAIR de la grande NATION

*ZWEI JAHRE SPÄTER IST IN AEGYPTEN DER DOPPELDUKAT MIT DEM BERNER BÄR IM UMLAUF.

UND UNTER DEM MANTEL DER BRÜDERLICHKEIT ZWINGEN SIE UNS AUCH EINE REGIERUNG NACH FRANZÖSISCHEM VORBILD AUF.

OCHS* IST BEAUFTRAGT WOR- DEN, EINE VERFAS- SUNG AUSZUARBEITEN.

*PETER OCHS, OBERZUNFTMEISTER AUS BASEL (1752- 1821). IN DER URSCHWEIZ ENTSTAND DAMALS DIE RE- DEWENDUNG: DIE FREIHEIT, DIE DER STIER VON URI ER- OBERT HAT, WIRD NUN VOM OCHSEN VON BASEL WIEDER ZERSTÖRT!

UND KURZE ZEIT DANACH...

ES IST SOWEIT! DIE SCHWEIZ IST ZUR "EINHEITLICHEN, UNTEILBAREN HELVETI- SCHEN REPUBLIK" GE- WORDEN!

WARUM EIGENTLICH "HELVETISCH"?

UM DEN URSPRUNG DES VOLKES HERVOR- ZUHEBEN.

UND WAS BEDEUTET "EINHEITLICH UND UNTEILBAR"?

DAS BEDEUTET, DASS DIE KANTONE EI- NER EINZIGEN AUTORITÄT UNTER- STELLT SIND, DIE VON ALLEN GEWÄHLT UND ANERKANNT WIRD. VORHER WAR JEDER EINZELNE KANTON FAST EIN STAAT FÜR SICH.

AUF JEDEN FALL IST DAS SYMBOL FÜR UNSERE FREIHEITEN GUT GEWÄHLT. TELL UND SEIN SOHN SEHEN JEDENFALLS RECHT ZUFRIEDEN AUS!

RÉPUBLIQUE HELVÉTIQUE UNE ET INDIVISIBLE*

*WEIL DIE REPUBLIK NUR HALB VERWIRKLICHT WURDE, SPRACH MAN, STATT VON DER "RÉPUBLIQUE INDIVISIBLE" VON EINER "RÉPUBLIQUE INVISIBLE (UNSICHTBAR).

47

OB REICH ODER ARM, BÜRGER ODER BAUER, UNTERTAN ODER VERBÜNDETER, VOR DEN NEUEN GESETZEN SIND WIR ALLE GLEICH.

SOZUSAGEN EINE GROSSE FAMILIE? GLÜCKLICHE ZEITEN!

ABER NICHT FÜR JENE, DIE IHRE PRIVILEGIEN VERLOREN HABEN.

WIR WURDEN BEI ALLEDEM JA NICHT UM UNSERE MEINUNG GEFRAGT!

JA, MAN HAT UNS ALL DAS AUFGEZWUNGEN!

DIE "BESCHÜTZER" ERWEISEN SICH BALD ALS ZU HABGIERIG...

SCHREIBEN SIE AN DAS **DIREKTORIUM** IN PARIS: "UNSERE TRUPPEN WERDEN VON DEN SCHWEIZERN ERNÄHRT, EINGEKLEIDET UND BEZAHLT. ZÜNFTE, KLÖSTER UND ANDERE EINRICHTUNGEN HABEN ABGABEN IN DER HÖHE VON MILLIONEN VON FRANKEN ZU ENTRICHTEN...

ABER KOMMISSAR **RAPINAT**, SIE WISSEN DOCH... DIE KLAGEN HÄUFEN SICH ÜBER UNS UND UNSERE ANSPRÜCHE...

WAS SOLLS! JEDERMANN WEISS, DASS DIE FREIHEIT KEINEN PREIS HAT.

SPOTTVERS AUS JENER ZEIT:
"LA SUISSE QU'ON VOLE ET QU'ON RUINE VOUDRAIT BIEN QUE L'ON OPINÂT SI RAPINAT VIENT DE RAPINE* OU RAPINE DE RAPINAT."

ERSTER BAND: VON DER STEINZEIT BIS ZUR BLÜTE DES FRÜHMITTELALTERLICHEN KÖNIGREICHS BURGUND.
10000 V. CHR. - 937 NACH CHR.

ZWEITER BAND: VON DEN LETZTEN BURGUNDISCHEN KÖNIGEN BIS ZUR SCHLACHT VON MURTEN.
943 - 1476.

DRITTER BAND: EINIGE WICHTIGE DATEN:

1481 TAGSATZUNG VON STANS. NIKLAUS VON DER FLÜE. FREIBURG UND SOLOTHURN TRETEN DEM BUND BEI.
1489 TOD VON HANS WALDMANN.
1499 SCHWABENKRIEG.
1501 BASEL UND SCHAFFHAUSEN TRETEN DEM BUND BEI.
1513 APPENZELL TRITT DEM BUND BEI.
1515 SCHLACHT VON MARIGNANO.
1517 LUTHER PREDIGT IN DEUTSCHLAND DIE REFORMATION.
1525 HULDRYCH ZWINGLI. REFORMATION IN ZÜRICH.
1602 ESCALADE IN GENF.
1618-48 DREISSIGJÄHRIGER KRIEG.
1648 WESTFÄLISCHER FRIEDE.

1653 BAUERNKRIEG.
1656 ERSTER VILLMERGER KRIEG.
1712 ZWEITER VILLMERGER KRIEG.
1723 HINRICHTUNG VON MAJOR DAVEL.
1740 AUFRUHR IM BISTUM BASEL.
1749 VERSCHWÖRUNG VON SAMUEL HENZI.
1755 AUFSTAND IN DER LEVENTINA.
1782 AUFSTAND IN GENF.
1789 FRANZÖSISCHE REVOLUTION.
1792 (10. AUGUST) MASSAKER DER SCHWEIZER GARDE.
1798 (24. JANUAR) REVOLUTION IM WAADTLAND.
1798 (5. MÄRZ) HELVETISCHE REPUBLIK.

48

* RAPINE: RAUB, PLÜNDERUNG.